本书获得国家社会科学基金青年项目（16CJL049）、北京社会科学基金研究基地项目青年项目（15JDSHC011）的资助

智库丛书
Think Tank Series

国家发展与战略丛书
人大国发院智库丛书

农业劳动力转移与
中国经济发展

Rural-to-Urban Labor Migration and
Economic Growth in China

刘晓光　著

中国社会科学出版社

图书在版编目(CIP)数据

农业劳动力转移与中国经济发展 / 刘晓光著 . —北京:中国社会科学出版社,2017.3

(国家发展与战略丛书)

ISBN 978 - 7 - 5161 - 9957 - 2

Ⅰ.①农…　Ⅱ.①刘…　Ⅲ.①农村劳动力—劳动力转移—研究—中国 ②中国经济—经济发展—研究　Ⅳ.①F323.6②F124

中国版本图书馆 CIP 数据核字(2017)第 038665 号

出 版 人	赵剑英	
责任编辑	王　茵	
特约编辑	王　称	
责任校对	张依婧	
责任印制	王　超	

出　　版	中国社会科学出版社
社　　址	北京鼓楼西大街甲 158 号
邮　　编	100720
网　　址	http://www.csspw.cn
发 行 部	010 - 84083685
门 市 部	010 - 84029450
经　　销	新华书店及其他书店

印　　装	北京君升印刷有限公司
版　　次	2017 年 3 月第 1 版
印　　次	2017 年 3 月第 1 次印刷

开　　本	710×1000　1/16
印　　张	14.5
插　　页	2
字　　数	156 千字
定　　价	59.00 元

凡购买中国社会科学出版社图书,如有质量问题请与本社营销中心联系调换
电话:010 - 84083683

前　言

自 1978 年实施改革开放以来，中国经济发展取得了举世瞩目的成就，截至 2014 年年平均 GDP 增长率高达近 10%，GDP 总量翻了 28 倍，堪称世界经济发展史上的奇迹。全球金融危机以来，中国经济增速逐步下滑，从 2007 年最高点时的 14.2% 下降到 2015 年的 6.9%，引发了关于中国经济高速增长能否持续的普遍担忧，尤其广受争议的是中国高投资和高储蓄引发的经济结构失衡。不过，在经济增速下滑的背景下，中国就业市场却似乎表现良好，没有受到显著的影响。如何理解中国的经济发展、经济结构失衡以及近期的劳动力市场表现，成为学术界和政策制定者非常关注的问题。

梳理近几十年中国经济发展经验，可以得到以下三点基本特征事实。第一，改革开放以来，中国一直保持着超高的投资率，平均每年高达 39.4%，近年已接近 50%，几乎是世界平均水平的两倍。然而在很长的一段时期，中国的资本回报率不仅没有下降，反而呈现出持续上升的趋势。第二，改革开放以来，中国国民储蓄率一直稳中有升，进入 21 世纪后上升速度加快，从 2000 年的 37.6% 上涨到 2010 年的 52.6%，近年小幅回落到 2014 年的 49.5%。第三，中国 GDP 增长率与现有失业率数据之间不存在"奥肯定律"所描述的显著反向关系，似乎显示中国宏观经济周期与劳动力市场变动之间缺少应有联系。以上三个基本特征事实涉及中国投资、储蓄、经济增长与劳动力市场，是理解中国经济发展模式的关键，可将其分别总结为中国资本回报率上升之谜、中国储蓄率上升之谜和"奥肯定律"中国不适之谜。

对于中国经济发展上述三大基本特征事实或三大发展谜题，可以从不同角度进行理解。本书试图从农业劳动力转移的视角展开分析，以期获得对中国经济发展模式的一些初步认识。改革开放以前，中国实行了严格的户籍制度，控制农民流入城市，由此形成了城乡分隔的劳动力市场。改革开放以来，中国在政策上逐渐放松了对农民流动的限制。30多年来，农业劳动力以年均800万人的速度持续向非农部门转移，2014年农民工数量达到2.7亿人，占非农部门就业人数的一半以上，其中外出务工人员在农民工总量中的占比超过六成。农业劳动力的持续大规模转移不仅彻底改变了中国劳动力市场的根本特征和配置效率，还对中国的投资、储蓄、技术进步、城乡收入分配和宏观经济波动产生了深远影响，尤其是对城市部门的快速发展起到了关键性作用。

因此，本书在概述农业劳动力转移基本图景的基础上，首先结合二元经济发展理论和内生增长理论，从农业劳动力转移的视角剖析中国经济发展的三大基本特征事实。本书认为，理解中国高投资和高储蓄的关键在于理解中国的资本回报和生产率提升，进而在于理解背后起支撑作用的中国的技术进步和持续大规模的农业劳动力转移，而农业劳动力转移又促成了中国劳动力市场和宏观经济周期关系的特有模式。最后，本书将结合研究成果对中国制定宏观政策和发展战略提供一些政策建议。本书共六章，结构安排如下。

第一章为绪论，介绍本书的研究背景和分析思路。通过梳理中国经济发展的三大基本特征事实，提出理解中国经济发展的三大谜题，即中国资本回报率上升之谜、中国储蓄率上升之谜和"奥肯定律"中国不适之谜。在此基础上，提出本书从农业劳动力转移视角切入进行解释分析的研究思路。

第二章专门介绍中国农业劳动力转移情况，讨论了农业劳动力转移概况、农业劳动力转移的驱动因素以及农业生产率提升对中国经济转型的支撑作用。通过农业劳动力转移概况描述，了解农业劳动力转移的过去、现状和前景。通过分析农业劳动力转移的驱动因素发现，城乡收入差距、基础设施水平的提高、经济增长和资本回报率的提升，以及私营部门的发展，是促进我国农业劳动力转移的主要驱动因素，而现行有偏的金融发展和公共教育支出等因素则不利于农业劳动力转移。通过分析农业劳动力转移背景下的中国农业劳动生产率演变趋势，考察农业生产效率提升对中国经济转型所起的支撑作用。我国农业生产效率在改革开放以后实现了巨大进步，堪称农业革命，不仅解决了我国粮食安全问题，而且对当代经济转型起到了基础性支撑作用。

第三章通过理论和实证分析，破解中国资本回报率上升之谜。该章以内生视角重新审视中国经济结构转型，在突出农业劳动力转移和技术溢出效应的基础上，构建扩展的二元经济模型来解释中国高投资率与回报率上升并存的现象。该章扩展模型放松了"知识溢出模型"对技术溢出效应的单位弹性假设，提出了处于不同发展阶段的经济体维持不变或增长的资本回报率所要求的强条件和弱条件。理论研究发现，劳动力转移因素使资本回报率上升对技术溢出效应的要求由强条件降为弱条件，劳动力转移与技术溢出效应结合是解释中国资本回报率持续上升现象的关键。实证分析发现，中国技术溢出效应满足弱条件，并与劳动力持续转移共同支撑着资本回报率上升。

第四章分析中国家户储蓄率上升之谜。该章建立了一般均衡模型分析家户的消费储蓄决策，将总储蓄率分解为城市居民、农民工和农民三类群体的储蓄率。由于社会保障水平和收入水平的差异，农民工的边际储蓄倾向比农民和城镇居民高。在农业劳动力向非农部门持续转移的进程中，农民工群体随着非农部门的资本积累而不断扩大，其高储蓄行为也推动了家户储蓄率和国民储蓄率的上升。

第五章分析农业劳动力转移与中国宏观经济短期波动。基于对中国宏观经济周期与劳动市场转型关系的经验观察，该节提出引入农业劳动力转移因素的广义奥肯定律概念，并结合分析中国经验数据解释奥肯定律中国不适之谜现象。广义奥肯定律适用形态与经济发展阶段有关，仅包含失业率变量的教科书奥肯模型适用于已完成劳动力转移的发达国家，适用于更多转型经济体的奥肯关系还应加入农业劳动力转移变量。中国的独特体制环境使得城镇失业率与宏观周期变动之间缺少显著联系。该章还利用跨国面板数据对广义奥肯定律进行初步检验。

　　第六章总结全书主要研究结论，提出政策建议，并指出本研究所存在的不足和未来进一步深化的方向。本书研究结论及其政策含义包括以下几个方面。第一，中国近年来资本回报率上升及经济持续高速增长，一方面得益于投资生产过程中的技术溢出效应，另一方面也是因为农业劳动力转移的支撑作用。因此，目前仍应积极实施促进农业劳动力转移的政策，充分发挥劳动力转移与技术溢出提升资本回报率的组合效应，延续经济高速增长。同时应制定实施促进技术创新的政策，提高技术溢出效应水平，为未来满足资本回报率的强条件做好准备。第二，缩小城乡居民所享有的社会医疗保障水平差距是提高居民消费水平、降低储蓄率的有效措施。通过建立统一的社会医疗保障体系，提高农村居民享有的社会医疗保障水平，可以促进农民特别是农民工群体的消费，降低家户储蓄率，从而也有助于降低国民储蓄率。第三，在制定就业政策时，除了关注失业率指标变动，更应注意农业劳动力转移的周期性变化。在我国转型期，劳动力转移构成联系宏观经济周期和劳动力市场波动的基础性变量，加上户口与劳动就业体制和政策，使得城镇就业对宏观经济波动产生屏蔽作用，"农民工"在非农就业与农业就业之间有较强转换性，反而更大程度吸收了宏观经济波动对劳动力市场的影响，降低了失业率指标对宏观经济波动反应的灵敏程度。第四，中国目前可转移农业劳动力数量仍然庞大，潜在的"转型红利"仍将长期持续地发挥巨大的增长效应，对于中国能否顺利走过中等收入陷阱的前景不必悲观，问题的关键在于制定合理的激励政策促进农业劳动力转移和新型城镇化建设。

作者序

改革开放不到40年，中国经济发生了翻天覆地的变化，名义GDP增长了200多倍，剔除价格因素，实际GDP增长了30多倍。在整个人类历史上，中国经济的增长速度都可谓史无前例，使无数精妙绝伦的增长理论黯然失色。时至2016年，中国已经成为全球第二大经济体，GDP规模接近75万亿人民币，但增速依然位居全球第一，令很多经济学家都叹为观止。

在中国经济增长奇迹中，劳动力市场发生的巨大变革无疑扮演者非常重要的角色。其中，相比当年搞得轰轰烈烈的国企职工市场化改革，中国农业劳动力转移规模更大、持续更久、影响更为深远，然而却没有得到应有的重视和研究。2016年中国农民工总量已经超过2.8亿人，占中国全部就业人口的36.3%，占城镇就业人口的68.1%，简直是一个"无比庞大却又特殊"的群体。在很大程度上可以说，这个群体对于中国经济发展的作用，目前学界只得到了比较肤浅的认识。这还不仅仅是指他们在城市所享受的社会待遇，而是连许多学术研究都在不同程度上假定或认为，他们只是为城市部门产业发展提供了廉价的劳动要素而已。认识上的不充分反映在现实中更是如此，甚至在近年来面对农业劳动力转移连年放缓的现实，很多城市仍不愿意开放这个群体在此城市所应享有的基本市民待遇。无论出于何种考虑，严重低估他们在城市发展中的作用和贡献，肯定是其中的原因之一。

本书旨在阐明，农业劳动力转移在中国经济发展中所起的作用，绝不仅是为城市部门提供了劳动要素而已。农业劳动力向城市持续大规模地转移，不仅改变了中国劳动力市场的根本特征，更对中国的投资、储蓄、技术进步和经济周期波动都产生了深远的影响，在非农产业的快速发展中扮演了重要而特殊的角色。为了说明这一点，本书首先系统梳理了中国经济发展最重要的三个特征事实，涉及中国的投资、储蓄和经济增长，分别将其总结为中国资本回报率上升之谜、中国储蓄率上升之谜和"奥肯定律"中国不适之谜。破解这三大谜题，乃是理解中国经济发展模式的关键。本书通过理论和实证分析，从农业劳动力转移的视角，全面解释了上述三大发展谜题。本书研究的一个具有重要现实意义的推论是，当前农业劳动力转移放缓甚至停滞对中国经济的影响，绝不仅是边际上的，而且是方向性的。无论在国家层面还是城市层面，如果希望未来继续保持较快的经济增长，那么在促进农业劳动力转移方面做出更多努力绝对是明智之举。这可绝不仅是出于公平的考虑，对农民工为城市建设所做贡献给予应有的肯定，更是为了城市自身的发展。

是为序。

刘晓光

2017 年 1 月于人大科研楼

目　　录

图形目录

表格目录

第一章

绪　　论

◇◇ 第一节　中国经济的几点特征事实

自 1978 年改革开放以来，中国经济发展取得了举世瞩目的成就，36 年来实际 GDP 增长率平均高达近 10%，2014 年 GDP 总量达到 1978 年的 28 倍（见图 1—1）。用市场汇率折算美元衡量的 GDP 总量突破十万亿美元，占全球经济份额从 1980 年的仅 1.9% 上升到 2014 年的 13.4%，用购买力平价衡量则从 2.3% 上升到 16.3%。①从各方面指标看，中国过去近 40 年的经济发展都堪称世界经济发展史上的奇迹。②然而，全球金融危机以来，中国经济增速逐步下滑，从 2007 年最高点时

---

① 数据来自国际货币基金组织（International Monetary Fund）编制的世界经济展望（World Economic Outlook）数据库。

② 具体包括：改革开放以来，中国城乡居民收入水平不断提高，1978 年城镇居民人均可支配收入和农村居民人均纯收入分别只有 343 元和 134 元，2014 年则分别达到 28844 元和 9892 元，按照名义值 1978 年分别增长了 83 倍和 73 倍。按国际贫困线每人每日支出不足 1.25 美元计算，中国绝对贫困人口数量从 1981 年的 8.35 亿人，下降至 2013 年的 0.68 亿人。2014 年年末，全国参加城镇职工基本养老保险的人数达到 3.41 亿人，参加城乡居民基本养老保险的人数达到 5.01 亿人，参加基本医疗保险的人数达到 5.98 亿人。

的 14.2% 下降到 2015 年的 6.9%,增速失半,多数预测机构将中国未来几年的增长预期下调至 6% 左右。[①]不仅如此,对中国经济的普遍担忧是,中国高投资和高储蓄造成的经济结构失衡和经济不可持续。不过在中国经济增速下滑的背景下,中国就业市场却表现良好,似乎没有受到不利影响。如何理解中国的经济发展、经济结构失衡以及近期表现,成为学术界和政策制定者非常关注的问题。

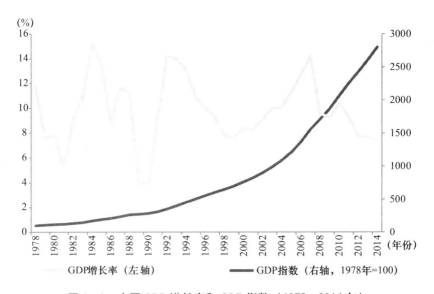

图 1—1 中国 GDP 增长率和 GDP 指数(1978—2014 年)

数据来源:国家统计局编制的历年《中国统计年鉴》。

通过梳理中国经济发展经验,可以得到以下三点基本特征事实。第一,改革开放以来,中国一直保持着超高的投资率,平均高

[①] 例如,国际货币基金组织(2015)将中国 2015 年和 2016 年的增长预期下调至 6.8% 和 6.3%。

达 39.4%，近年已接近 50%，几乎是世界平均水平的两倍。然而研究发现，在很长的一段时期，中国的资本回报率不仅没有下降，反而呈现出持续上升的趋势。第二，改革开放以来，中国国民储蓄率一直稳中有升，近年来上升速度加快，从 2000 年的 37.6% 上涨到 2010 年的 52.6%，近年小幅回落到 2014 年的 49.5%。第三，中国 GDP 增长率与失业率数据之间不存在奥肯定律所描述的显著反向关系，似乎显示中国宏观经济周期与劳动力市场变动之间缺少应有联系。以上三个基本特征事实涉及中国投资、储蓄、经济增长与劳动力市场，是理解中国经济的关键。

通过梳理中国经济增长的关键特征事实可以看出，理解中国经济发展模式的关键正在于理解中国的高投资、高储蓄和劳动力市场，而理解中国高投资和高储蓄的关键在于理解中国的高资本回报率和生产率提升，进而在于理解中国的技术进步和持续大规模的农业劳动力转移，而后者又形成中国劳动力市场和宏观经济周期关系的特有模式。因此，为凸显其重要性，本书将以上三点基本特征事实分别总结为中国资本回报率上升之谜、中国储蓄率上升之谜和奥肯定律中国不适之谜。下面将详细介绍这三个基本特征事实或发展谜题，进而提出本书研究思路。

一 中国资本回报率上升之谜

在中国经济高速增长的背后，最引人注目的就是中国一直保持着超高的投资率。根据国家统计局公开数据计算，1980—2014 年，中国投资率从未低于30%，平均高达39.4%。进入21世纪，中国投资率进一步上升，近年已接近50%，远高于其他国家水平，几乎是世界平均水平的两倍（见图1—2）。中国的高投资支撑了中国的高速增长，但也引发了关于经济结构失衡和不可持续的普遍担忧。因此，更值得深入研究和分析的是，中国为何能够维持如此长期的高速投资？放在国际经验比较的视角下，摆在多数国家面前的难题往往不是投资率过高的问题，而是投资不足的问题。换句话说，长

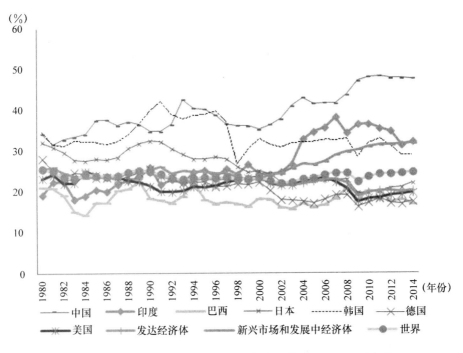

图1—2　中国和世界主要经济体投资率比较（1980—2014年）

说明：投资率即资本形成率，指资本形成总额占GDP的百分比。

数据来源：国际货币基金组织（International Monetary Fund）编制的世界经济展望（World Economic Outlook）数据库。

期保持如此高的投资率绝非易事，即使有合意的政策引导，如果没有经济基本面的支撑，也几乎是不可能做到的。

要理解这个问题，就需要深入分析中国的资本回报率。研究发现，中国如此高的投资速度不仅没有导致中国资本回报率不断下降；相反，近年学者研究提供的大量经验证据显示，自20世纪90年代中后期以来，在很长的一段时期内，中国资本回报率呈现出持续上升的趋势。世界银行较早报告了中国资本回报率此前一段时期上升的情况。[①] Bai、Hsieh和Qian基于国民收入核算数据对中国资本回报率进行的估测结果表明，中国资本回报率在整个改革开放时期几乎一直保持在20%以上的高水平，近年来还有上升的趋势。[②] CCER"中国经济观察"研究组（2007）基于工业企业财务会计中资本回报和资本存量数据的测算结果表明，中国资本回报率呈现先降后升的特点，九个系列指标20世纪末止跌回升后呈现持续增长趋势。舒元、张莉和徐现祥也通过对工业资本收益率的测算，指出中国资本收益率在近十年内大幅提高。[③] 方文全从年份资本理论视角重估了中国资本回报率，通过采用修正的折旧率将资本回报率水平整体向下调整了3%—5%，但总体变动仍呈上升趋势。[④] 张勋和徐建国通过对统计口径和计算方法的校准，将中国资本回报率的不同

---

① 世界银行中国代表处：《中国经济季报》2006年5月。

② Bai, C., C. Hsieh and Y. Qian, "The Return to Capital in China", *Brookings Papers on Economic Activity*, Vol. 2, 2006, pp. 61–88.

③ 舒元、张莉、徐现祥：《中国工业资本收益率和配置效率测算及分解》，《经济评论》2010年第1期。

④ 方文全：《中国的资本回报率有多高？——年份资本视角的宏观数据再估测》，《经济学（季刊）》2012年第11卷第2期。

测算方法进行匹配，进而核算显示，总体资本回报率从 1998 年开始持续上升，到 2009 年出现下降，但是工业资本回报率依然呈现上升态势，2012 年工业固定资产回报率达到 27.8%。① 图 1—3 报告数据也清晰显示了中国资本回报率的上升趋势。

那么，如何理解中国高投资率和回报率上升并存的现象？该现象不仅与资本边际报酬递减规律不一致，也显著异于国际发展经验。破解这一谜题，无疑是解开中国经济发展模式的关键一环。

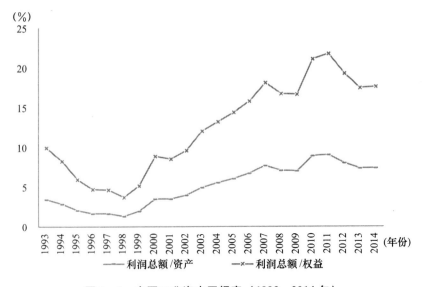

图 1—3　中国工业资本回报率（1993—2014 年）

说明：根据 Lu et al.（2008）的方法计算的中国 1993—2012 年两种工业资本回报率。其中，利润总额为未扣除企业所得税的利润额，为资本回报的度量指标；资产和权益（净资产）分别为两种口径宽窄不同的资本存量度量指标。

数据来源：《中国工业交通能源 50 年统计资料汇编》及历年《中国统计年鉴》。

———————

① 张勋、徐建国：《中国资本回报率的再测算》，《世界经济》2014 年第 8 期。

二 中国家户储蓄率上升之谜

中国国民储蓄率一直稳中有升，进入 21 世纪后上升速度加快，从 2000 年的 37.6% 上涨到 2010 年的 52.6%，近年小幅回落到 2014 年的 49.5%（见图 1—4）。中国的高储蓄从资金供给面支持了中国的高投资，但也在很大程度上促成了中国经济结构的失衡。一方面，低消费—高储蓄的内部结构失衡开始呈现；另一方面，储蓄—投资差额也在扩大，造成了外部失衡[①]。Greenspan 甚至认为发

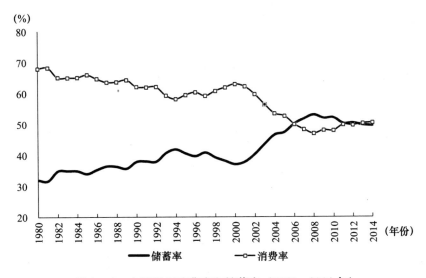

图 1—4 中国国民消费率和储蓄率（1980—2014 年）

说明：消费率为支出法 GDP 下，消费占 GDP 比重；储蓄率 = 1 - 消费率。

数据来源：《中国统计年鉴》。

[①] 樊纲、吕焱：《经济发展阶段与国民储蓄率提高：刘易斯模型的扩展与应用》，《经济研究》2013 年第 3 期。

展中国家高企的储蓄率导致了长期的低利率，是过去 20 年来房价泡沫及全球性金融危机的根源。[1] 因此，解释中国国民储蓄率高涨的原因，并由此得到缓解结构失衡的思路就显得尤为重要。

要了解国民储蓄高涨的根源，首先需要对国民储蓄结构进行分解。国民储蓄按照部门可以分为居民储蓄、企业储蓄和政府储蓄，图 1—5 报告了自 2000 年以来三部门储蓄占国民储蓄的比重。2009年，三部门储蓄分别占国民储蓄的 48.3%、41.9% 和 9.8%。显然，居民部门和企业部门为国民储蓄的主体。而近年来，居民部门的储蓄率（家户储蓄率）和企业储蓄率均呈上升态势，共同驱动了总体

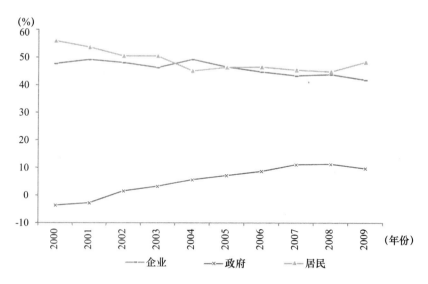

图 1—5　三部门储蓄各占国民储蓄的比重（2000—2009 年）

数据来源：《中国统计年鉴》2001—2010 年资金流量表。

---

① Greenspan, A., "The Fed didn't Cause the Housing Bubble", *The Wall Street Journal*, Vol. 11, 2009, p. 15.

国民储蓄率。因此，对居民储蓄和企业储蓄的探讨有助于理解国民储蓄率。樊纲和吕焱解释了企业储蓄率近年来不断上涨的原因。①他们研究认为，中国仍处在刘易斯拐点前的二元经济状态，过剩劳动力的存在使得在劳动力与资本的博弈中，劳动力处在弱势地位，工资上升缓慢；伴随体制改革和市场开放，企业生产效率得到很大幅度的提高，但是这部分价值更多的被资本占有。随着资本规模的扩大，利润会以更高的速率积累，最终形成大规模的企业储蓄。

中国的家户储蓄率也一直保持上升态势，从 2000 年的 31.1%上升到 2009 年的 40.4%（图 1—6）。尽管居民部门的储蓄占比近年来略有下降，但其份额仍旧很大，并且在"提高居民可支配收入"

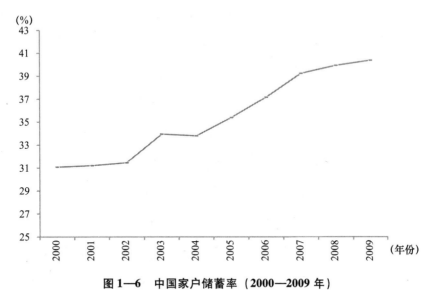

图 1—6　中国家户储蓄率（2000—2009 年）

数据来源：《中国统计年鉴》2001—2010 年资金流量表。

———————

① 樊纲、吕焱：《经济发展阶段与国民储蓄率提高：刘易斯模型的扩展与应用》，《经济研究》2013 年第 3 期。

的政策导向下，其份额仍旧会上升，对未来国民储蓄率的走势也有很大的决定作用。此外，根据 Blanchard 和 Giavazzi 的国际比较研究，中国企业储蓄率和政府储蓄率在跨国比较中并非异常，中国的高储蓄率仍与较高的家户储蓄率密切相关。[①] 基于此，需要重点考察中国近年来家户储蓄率上涨的原因，并进一步探讨国民储蓄率的变动趋势。

三　中国"奥肯定律"不适之谜

近年来，在中国经济增速下滑的情况下，中国就业市场却表现良好，似乎没有受到不利的影响。以 2014 年为例，城镇登记失业率约为 4%，调查失业率约为 5%，同 2013 年相比，几乎没有变化。不仅如此，观察中国经济自改革开放以来的表现发现，中国的劳动力市场与宏观经济波动的关联方式，并没有出现教科书中奥肯定律标准模型所推论的 GDP 增长率与失业率数据之间的显著反向关系，似乎显示中国宏观经济周期与劳动力市场变动之间缺少应有联系，或者说出现了奥肯定律模型不适用中国经验数据的现象。

奥肯定律作为现代宏观经济学教科书的一个标准模型，其实质内容是分析一国宏观经济周期与劳动力市场变动之间的联系，其具体形式则是揭示一国失业率和实际产出之间稳定的负向关系。图 1—7 报告了美国 1948—2013 年失业率变动与经济增长率年度数据，

---

① Blanchard, O., and F. Giavazzi, "Rebalancing Growth in China: A Three-Handed Approach", *China & World Economy*, Vol. 14, No. 4, 2006, pp. 1–20.

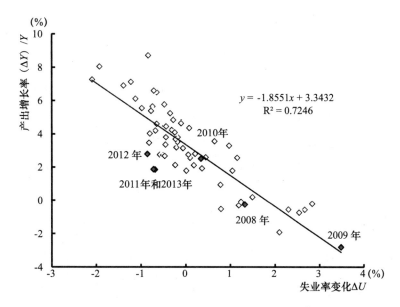

图1—7　美国奥肯定律（1948—2013年）

资料来源：美国经济分析局（Bureau of Economic Analysis，BEA）和美国劳工统计局（Bureau of Labor Statistics，BLS）。

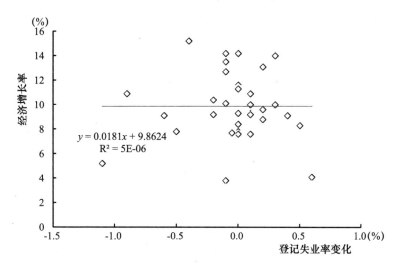

图1—8　中国GDP增长率与失业率变化（1979—2012年）

说明：数据来自历年《中国统计年鉴》，经作者估算。

可见奥肯关系大体能显著成立。20 世纪 70 年代末中国开始实施改革开放政策逐步建立市场体制架构，并取得 30 多年间年均增长率接近 10% 的巨大成就。随着市场化改革深入，20 世纪 90 年代后期中国失业压力加大，促使政府更加重视就业政策目标，学术界出现不少文献研究奥肯定律模型与中国数据的关系。然而令人始料不及的是，如图 1—8 数据显示，中国 GDP 增长率与官方失业率数据之间并不存在标准奥肯定律所描述的显著反向关系，与美国情况形成鲜明的对比。

研究人员从不同方面考察了奥肯定律在中国的适用性问题。一些学者发现，中国城镇登记失业率变化和经济增长率之间没有显著关系，实际 GDP 增长率与失业率变动情况与奥肯定律假设形态有相当大的偏离。[1] 尹碧波和周建军也指出，中国经济增长率与就业人数增长率呈现负向关系表明奥肯定律在中国失效。[2] 方福前和孙永君对奥肯定律的经验形式设立差分、缺口和不对称性等五种版本模型分别加以检验，结果发现都不适合中国情形。[3] 林秀梅区分扩张期和衰退期估计奥肯方程，发现失业率对增长率系数值极小，增长率偏离趋势值约为 20 个百分点，失业率变动才约为 1 个百分点，扩

① 姜巍、刘石成：《奥肯模型与中国实证（1978—2004）》，《统计与决策》2005年第 24 期；李含、蒲晓红：《奥肯定律在中国的适用性分析》，《商业研究》2009 年第 6 期。

② 尹碧波、周建军：《中国经济中的高增长与低就业：奥肯定律的中国经验检验》，《财经科学》2010 年第 1 期。

③ 方福前、孙永君：《奥肯定律在我国的适用性检验》，《经济学动态》2010 年第 12 期。

张阶段系数为正号与理论假说不一致。① 邹薇利用三次产业数据分别估计三产业奥肯方程，结果发现第一、二产业有显著奥肯关系，第三产业奥肯系数估计符号为正，与奥肯定律预测含义相背离。②

上述有关失业率与宏观经济波动关系的基本经验事实以及研究结果都显示，把现有教科书奥肯定律模型直接套用到中国会"水土不服"。那么，出现这一现象的根源何在？中国奥肯关系的真实形式是什么？对该问题的回答对于判断中国当前就业形势和制定劳动力市场政策无疑具有重要的理论和现实意义。

◇ 第二节 从农业劳动力转移的视角理解中国经济

对于中国经济三大发展谜题或基本特征事实，可以从不同角度加以理解。基于对中国经济转型的经验观察发现，在中国高投资、高储蓄和高回报的背后，有一个共同的支撑因素，就是持续大规模的农业劳动力转移。不仅如此，农业劳动力转移相对其长期趋势的短期变动也是体现劳动力市场与宏观经济周期联系的关键变量，形成中国劳动力市场与宏观经济周期波动独特关联形态。因此，本书

---

① 林秀梅：《我国经济增长率与失业率的非线性动态关联研究——奥肯定律重新审视》，《数量经济研究》2006 年第 1 期。

② 邹薇、胡翾：《中国经济对奥肯定律的偏离与失业问题研究》，《世界经济》2003 年第 6 期。

试图从农业劳动力转移的视角分析中国经济发展三大谜题，以期对中国经济发展模式获得一些理解。

考察中国劳动力市场改革和发展的轨迹可知，规模巨大的农业劳动力转移对中国劳动力市场产生了深刻的变革，对经济增长和生产效率的提升也起到了巨大的推动作用。改革开放以前，中国实行了严格的户籍制度，严格控制农民流入城市，由此形成了分隔的城乡劳动力市场。改革开放以来，为配合非农部门的快速发展，中国在政策上逐渐放松了对农民流动的限制。30多年来，农业劳动力以年均800万人的速度持续向非农部门转移，2014年农民工数量达到2.74亿人，占非农部门就业人口的一半以上。

农业劳动力的持续大规模转移不仅彻底改变了中国劳动力市场的根本特征和配置效率，还对中国的投资、储蓄、技术进步、城乡收入分配、房地产市场发展和宏观经济周期产生深远影响，尤其是对城市部门的快速发展起到了关键性作用。研究表明，中国全要素生产率的提高[1]、制造业的快速发展和出口[2]、高储蓄率和高投资率[3]，以及收入分配格局的变动[4]等重要宏观经济层面特征现象，都

---

[1] 胡永泰：《中国全要素生产率：来自农业部门劳动力再配置的首要作用》，《经济研究》1998年第3期。

[2] Young, A., "Gold into Base Metals: Productivity Growth in the People's Republic of China during the Reform Period", *Journal of Political Economy*, Vol. 111, 2003, pp. 1220 – 1261.

[3] 李扬、殷剑峰：《劳动力转移过程中的高储蓄、高投资和中国经济增长》，《经济研究》2005年第2期。

[4] 李稻葵、刘霖林、王红领：《GDP中劳动份额演变的U型规律》，《经济研究》2009年第1期。

和农业劳动力转移有重要关系。都阳等最新研究发现，由农村向城市的劳动力流动有利于扩大劳动力市场规模和提高城市经济的全要素生产率，尽管对资本产出比和工作时间有负面的影响，但劳动力流动带来的净收益非常可观。

不仅如此，基于对中国劳动力市场与宏观经济周期波动特殊关联形态的经验观察发现，对于中国这样的转型经济体，农业劳动力转移相对其长期趋势的短期变动也是体现劳动力市场与宏观经济周期联系的关键变量。如图1—9数据显示，中国就业转型背景下农业劳动力趋势性减少，然而特定年份减少数量相对其趋势多少则与GDP增长率衡量的宏观周期变动存在显著联系：宏观经济较快增长年份，第一产就业人数减少较快；经济增速较低年份，第一产就业

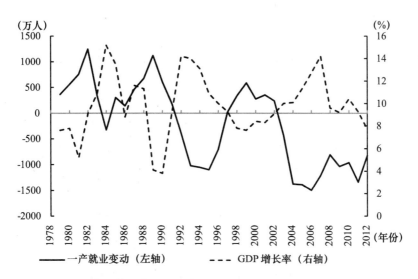

图1—9　中国第一产业就业变动和GDP增长率（1978—2012年）

说明：数据来自历年《中国统计年鉴》，经作者估算。

人数减少较慢。因此，要理解处于转型期的中国劳动力市场与宏观经济周期变动关系，需突破标准教科书奥肯模型仅用失业率表示劳动力市场变动的限制，要适当引入农业劳动力转移变量建构广义奥肯定律模型。相对广义奥肯模型，标准奥肯模型只是适用于发达国家的特例情形。对中国奥肯定律不适之谜现象探究，有机会超越教科书标准模型基本假设，发现适用于不同发展阶段经济体劳动力市场与宏观经济波动之间更为一般性的联系方式。

因此，本研究旨在从农业劳动力转移的视角，解释中国经济发展三大基本特征事实，在此基础上获得对中国经济若干方面的理解。本书在概述农业劳动力转移基本图景的基础上，首先结合二元经济发展理论和内生增长理论，从农业劳动力转移的视角剖析中国经济发展三大基本特征事实。本书认为，理解中国高投资和高储蓄的关键在于理解中国的资本回报和生产率提升，进而在于理解背后起支撑作用的中国的技术进步和持续大规模的农业劳动力转移，而农业劳动力转移又促成中国劳动力市场和宏观经济周期关系的特有模式。

本研究的一个潜在贡献是补充已有文献关于中国经济发展机制的研究。已有研究从不同角度阐述中国经济发展机制，得到对中国经济的深入理解和经验总结。例如，Song et al. 发表在《美国经济评论》（*American Economic Review*）上的文章"Growing Like China"，构建了包含两类企业的转型经济模型，在外生技术进步假定下，生产率相对较高的私有企业逐渐将国有企业挤出市场的过程中，两类企业的资本回报率保持不变，但总体资本回报率由于组合效应而上升。该文很好地解释了中国经济增长特别是经济转型的一部分，强调了非农部门内部的要素流动所带来的经济效率的提升。然而，在中国经济发展过程中，以农业劳动力转移为代表的、从农业部门向非农部门的劳动要素流动所带来的生产效率的提升同样重要。不仅如此，中国在投资和生产的过程中，通过"干中学"提升人力资本，并利用获取固定资本联系的嵌入式技术进步，同时实现了内生技术进步和农业劳动力转移，进而对中国宏观经济增长模式产生深远影响。本书试图从这些新视角的研究增进对中国经济发展高速增长具体机制的理解，同时也希望本研究成果能够为中国制定国家发展战略提供政策建议。

第 二 章

农业劳动力转移概况

◇ 第一节 农业劳动力转移的发展历程

改革开放以前，中国实行了严格的户籍制度，控制农民流入城市，由此形成了城乡分隔的劳动力市场。改革开放以来，中国在政策上逐渐放松了对农民流动的限制。30 多年来，农业劳动力以年均 800 万人的速度持续向非农部门转移，2014 年农民工数量已经达到 2.74 亿人。图 2—1 展示了农业劳动力转移的规模以及在劳动力中的占比，充分说明至少在劳动力供给方面，农业劳动力转移对我国非农部门发展起到了重要支撑作用。数据显示，1985—2014 年，农民工占非农部门就业的比重平均达 42.7%，且该比值总体不断上升，尤其是从 1990 年的 33.6% 快速上升到 2006 年的 50.1%，超过非农就业一半，此后稳中有升，2013 年为 50.9%。

不仅如此，农业劳动力转移的深度也在不断加强，先后经历了向农村非农业转移、向小城镇和乡镇企业转移、最后到跨省区转移

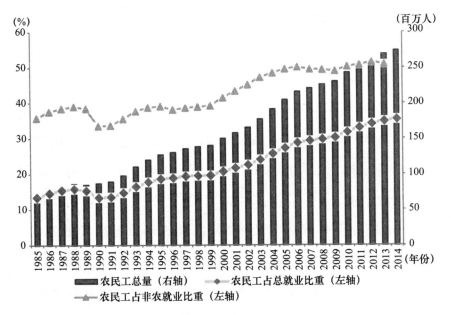

图2—1　中国农民工总量及其在就业中的占比（1985—2014年）

数据来源：2008—2014年数据来自国家统计局历年《我国农民工调查监测报告》；1985—2007年数据见卢锋《大国追赶的经济学观察——理解中国开放宏观经济（2003—2013）》（上册），北京大学出版社2014年第1版。[①]

的渐变过程。[②] 农业劳动力转移从以本地就业为主逐渐转变为以外出就业为主，转移程度更深、影响范围更广：1985年，外出农民工仅占农民工群体的12%；2002年前后，这一比重上升到63%——

---

① 数据说明：1978—2006年农民工总量采用《新中国农业60年统计资料》（农业部编，中国农业出版社2009年版）中"乡村非农就业"，通过对乡村就业子项中工业、建筑业、交运仓储和邮电业、批零贸易餐饮业和其他行业的加总而得。2008—2014年农民工总量数据来自历年《全国农民工监测调查报告》。2007年数据取前后两年线性平均。

② 蔡昉：《中国劳动市场发育与就业变化》，《经济研究》2007年第7期。

64%，之后大体稳定。①图2—2也清晰地展示了这一发展变化。因此，中国劳动力资源的配置效率，无论是在产业层面还是在空间层面，都在不断提高。

农业劳动力的持续大规模转移不仅改变了中国劳动力市场的根本特征，还对中国的投资、储蓄、技术进步和宏观经济周期波动等方面产生了深远的影响，对非农部门的高速发展起到了关键性作用。研究表明，中国全要素生产率的提高②、制造业的快速发展和出口③、高储蓄率和高投资率④，以及收入分配格局的变动⑤等重要宏观经济层面特征现象，都和农业劳动力转移有重要关系。都阳等最新研究发现，由农村向城市的劳动力流动有利于扩大劳动力市场规模和提高城市经济的全要素生产率，尽管对资本产出比和工作时间有负面的影响，但劳动力流动带来的净收益非常可观⑥。

---

① 卢锋：《中国农民工工资走势：1979—2010》，《中国社会科学》2012年第7期。近几年的最新发展初现外出农民工回流的迹象，新增转移劳动力中本地转移比例有小幅回升。

② 胡永泰：《中国全要素生产率：来自农业部门劳动力再配置的首要作用》，《经济研究》1998年第3期。

③ Young, A., "Gold into Base Metals: Productivity Growth in the People's Republic of China during the Reform Period", *Journal of Political Economy*, Vol. 111, 2003, pp. 1220 – 1261.

④ 李杨、殷剑峰：《劳动力转移过程中的高储蓄、高投资和中国经济增长》，《经济研究》2005年第2期。

⑤ 李稻葵、刘霖林、王红领：《GDP中劳动份额演变的U型规律》，《经济研究》2009年第1期。

⑥ 都阳、蔡昉、屈小博和程杰：《延续中国奇迹：从户籍制度改革中收获红利》，《经济研究》2014年第8期。

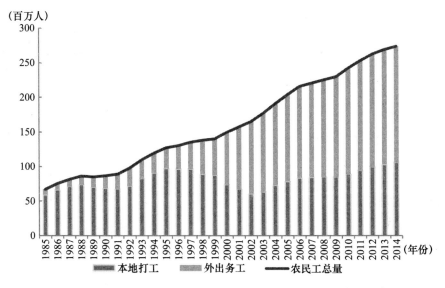

（百万人）

图 2—2　中国农业劳动力转移（1985—2014 年）

数据来源：2008—2014 年数据来自国家统计局历年《我国农民工调查监测报告》；1985—2007 年数据见卢锋《大国追赶的经济学观察——理解中国开放宏观经济（2003—2013）》（上册），北京大学出版社 2014 年第 1 版。①

───────────────

①　数据说明：图中主要数据包括三个指标，分别是农民工总量、外出务工和本地非农劳动力，详细介绍如下。（一）农民工总量数据来源：1978—2006 年农民工总量采用《新中国农业 60 年统计资料》（农业部编，中国农业出版社 2009 年版）中"乡村非农就业"，通过对乡村就业子项中工业、建筑业、交运仓储和邮电业、批零贸易餐饮业和其他行业的加总而得。2008—2014 年农民工总量数据来自历年《全国农民工监测调查报告》。2007 年数据取前后两年线性平均。（二）外出务工数据来源：2005 年及以前外出务工数据来自《中国农村统计年鉴》（2006）和中国农村住户调查数据，转自盛来运《流动还是迁移——中国农村劳动力流动过程的经济学分析》，上海远东出版社 2008 年版。2006 年外出务工数据来自《2006 年全国农村外出务工劳动力继续增加》，载《调研世界》2007 年第 4 期。2008—2014 年外出务工数据来自历年《全国农民工监测调查报告》。由于《全国农民工监测调查报告》对本地务工农民工的定义为在本乡镇以内从事非农产业 6 个月以上的劳动力，与盛来运对本地非农就业的定义相同。所以采用《全国农民工监测调查报告》中本地农民工数据统计口径与盛来运的数据相同，该数据系列前后口径一致。2007 年数据缺失，采取前后两年线性平均。（三）本地非农就业数据说明：2006 年（包括 2006 年）前本地非农就业等于上述估计"农民工总数"减去"外出务工数"。2008—2014 年本地非农就业来自历年《全国农民工监测调查报告》，对应指标为本地农民工。2007 年由于数据缺失，采取前后两年线性平均。

　　展望未来,中国农业劳动力转移仍然有很大的发展空间。与广泛国际经验相一致,改革开放以来我国农业劳动力占比趋势性下降。过去 30 多年间,农业劳动力占比年均下降超过 1 个百分点,从改革前夕超过 70% 下降到 2013 年约 31.4% 。从国际经验来看,随着经济发展水平的提高发达国家农业劳动力占比通常会一直下降到 10% 以下(见图 2—3)。例如,过去一个多世纪,OECD 国家农业劳动力占比均值从 53% 趋势性下降到目前约 10% 。卢锋和杨业伟推测,2030 年我国农业劳动力占比将下降到 13.6% ,这表明未来 20 年,我国农业劳动力仍有很大的转移潜力。[1] 都阳等也呼吁通过全面深化户籍制度改革,进一步促进劳动力流动,"从户籍制度改革中收获红利,延续中国奇迹"[2]。

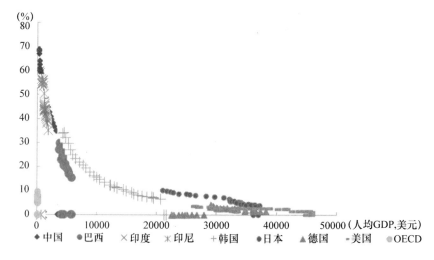

◆ 中国　　巴西　× 印度　※ 印尼　＋ 韩国　● 日本　▲ 德国　━ 美国　◎ OECD

图 2—3　各国经济发展水平与农业劳动力占比

数据来源:世界银行 WDI 数据库。

◇ 第二节 农业劳动力转移的驱动因素

中国改革开放时期经济发展与劳动力转移的实践经验为认识发展经济学发现的经济转型与劳动力转移关系提供了新鲜可贵的素材。中国规模庞大的劳动力转移群体构成了中国经济增长的重要支撑力量，有利于扩大劳动力市场规模和提高城市经济的全要素生产率，促进剩余劳动力的持续转移仍将是中国经济长期较快增长的关键，能够在未来几年内为中国的经济发展带来明显的收益。[①]

在经历了长达30多年的高速经济增长之后，中国经济进入了优化经济增长速度和结构调整的关键阶段。一方面，中国尚有大量农业劳动力有待转移，目前农业劳动力占比仍高达30%以上；另一方面，近年来东部沿海发达省份频频遭遇"用工荒"：尽管用工工资在迅速上涨，许多企业依然出现用工紧张，这已成为中国企业国际竞争力不断下降的一个重要因素。在此背景下，如何促进农业剩余劳动力继续转移也成为一个重要而紧迫的课题。

为了解决这一现实问题，理论上需要进一步明确劳动力转移的决定因素。在过去的30余年中，农村劳动力为什么会大规模转移并呈现极其明显的空间集聚特征？这一进程主要受到哪些因素的影响

---

① 李杨、殷剑峰：《劳动力转移过程中的高储蓄、高投资和中国经济增长》，《经济研究》2005年第2期；都阳、蔡昉、屈小博和程杰：《延续中国奇迹：从户籍制度改革中收获红利》，《经济研究》2014年第8期。

而呈现转折性变化? 城乡生产率差异如何形成并作用于劳动力转移? 除了城乡部门的生产率差异, 是否还存在更特殊的因素影响中国劳动力转移? 只有厘清这些一般和特殊的因素, 才能真正把握中国劳动力转移历史进程的内在规律, 为继续推进劳动力转移、劳动要素市场改革和下一阶段经济增长提供有针对性的对策措施。

因此, 本节通过理论和实证分析, 考察农业劳动力转移的驱动因素。限于篇幅, 有关理论分析部分见本书"附录B: 农业劳动力转移的驱动因素和溢出效应"。以下介绍实证分析过程和结果。

一 计量模型、回归变量及数据说明

本节利用中国省区面板数据, 对农业劳动力转移的决定因素进行实证分析。在进行回归分析之前, 有必要对本节所采用的计量方法做简单的介绍。考虑到本节所考察的核心变量很可能受到空间相关性的影响, 本节采用空间计量模型进行回归分析。如根据许海平和王岳龙等的研究, 中国各省市区城乡收入差距在空间分布上具有显著的自相关关系, 而骆永民和张光南等的研究也发现, 基础设施具有空间溢出效应。[①] 空间相关性可能来源于所考察的经济变量系统, 也可能来源于误差项的空间相关。因此, 根据空间相关效应的

---

① 许海平、王岳龙:《我国城乡收入差距与全要素生产率: 基于省域数据的空间计量分析》,《金融研究》2010 年第 10 期; 骆永民:《中国城乡基础设施差距的经济效应分析——基于空间面板计量模型》,《中国农村经济》2010 年第 3 期; 张光南、洪国志和陈广汉:《基础设施、空间溢出与制造业成本效应》,《经济学 (季刊)》2013 年第 13 卷第 1 期。

来源不同，空间计量模型的设定可分为空间自回归模型（Spatial Autoregressive Model，SAR）和空间误差模型（Spatial Error Model，SEM）。参考以上文献做法，本节同时采用 SAR 和 SEM 两种模型进行分析，以克服潜在的空间相关性的影响，并进行最大似然估计。本节对空间权重矩阵的设定也参考了上述文献，把相邻省份的权重系数选取为 1，不相邻省份的权重系数选取为 0，① 并在具体计量估计中对权重矩阵进行了标准化处理。为便于比较，本节将两种模型下的回归结果对称报告于各表中。

　　本节分析的样本区间选为 1992—2010 年，主要有以下两点考虑：（1）一般认为，1992 年邓小平南方谈话以后，中国改革开放进入了一个新阶段，全面市场经济体制开始逐步确立，因此是比较理想的研究区间；② （2）虽然中国农业劳动力转移起步于改革开放初期，但当时政府对劳动力流动的控制还比较严格，真正的劳动力转移高潮直到 1992 年邓小平南方谈话之后才开始。事实上，1992年以后，政府对劳动力转移的态度也从"允许"转变为"鼓励"③。因此，本节采用中国 1992—2010 年分省面板数据进行计量分析，考察农业劳动力转移的驱动因素。

　　本节被解释变量为农业劳动力转移，核心解释变量包括城乡收

　　①　参照骆永民《中国城乡基础设施差距的经济效应分析——基于空间面板计量模型》，《中国农村经济》2010 年第 3 期，本节将广东和海南视为相邻省份。

　　②　Song Z. , K. Storesletten, and F. Zilibotti, "Growing Like China", *American Economic Review*, Vol. 101, 2011, pp. 196 – 233.

　　③　Huang, P. , and F. N. Pieke, "China Migration Country Study", *Paper Presented at the Conference on Migration, Development and Pro-poor Policy Choices in Asia*, Dhaka, 2003.

入差距、GDP 增长率、基础设施水平、全要素生产率和农业劳动生产率（采用农业机械总动力与农业就业人口的比值衡量）。此外，本章还引入一系列重要影响变量，包括对外开放程度（采用外商直接投资及进出口总额与 GDP 的比重衡量）、国企总产出比重（采用国有及国有控股单位在工业部门总产值中所占比例衡量）、金融发展规模和效率（采用贷款总额与 GDP 的比值作为金融发展规模的指标，贷款总额与存款总额的比值作为金融效率的代理变量①）、公共教育支出水平（采用人均公共教育支出衡量）。除上述影响变量外，本章还进一步考虑了其他一些潜在的影响因素，包括城镇失业率（采用城镇登记失业率和利用城镇家庭住户调查数据估算的城镇调查失业率来衡量）、资本回报率（采用工业企业利润总额与工业企业固定资产净值的比例来衡量）和通货膨胀水平（采用 CPI 来衡量）。理论上，这些因素均有可能对劳动力转移产生影响，因此要回归分析对其影响并加以考察。具体介绍如下。

（一）核心变量

1. 农业劳动力转移

《新中国农业 60 年统计资料汇编》（以下简称《汇编》）提供了 1978—2008 年各省区乡村从业人员数和乡村第一产业从业人员数，这两组数据衡量了农村户籍的劳动力在农业和非农部门的就业

---

① 参考姚耀军《金融发展、城市化与城乡收入差距——协整分析及其 Granger 因果检验》，《中国农村观察》2005 年第 2 期；叶志强、陈习定和张顺明《金融发展能减少城乡收入差距吗？——来自中国的证据》，《金融研究》2011 年第 2 期等已有文献。

分布。该统计资料"直接汇编及计算相关比重所使用的乡村人口、乡村从业人员口径中仍然包括在外居住半年以上，但收入与家庭经济连为一体的人员"。因此，将乡村从业人员数与乡村第一产业从业人员数相减，能较准确地衡量农业劳动力转移的数目。此外，《中国统计年鉴》中提供了 2009 年和 2010 年与《汇编》统计口径一致的省区数据，也便利了本章将劳动力转移的数据延伸至 2010 年。①据此本节构建了农业劳动力转移量指标以反映农业劳动力转移。

农业劳动力转移量$_t$ = 转移农业劳动力$_t$ - 转移农业劳动力$_{t-1}$

其中，转移农业劳动力$_t$ = 乡村从业人员数$_t$ - 乡村第一产业从业人员数$_{t-1}$

鉴于我国劳动力转移问题的复杂性，尽管有多套数据包含劳动力转移的信息，但需要根据研究需要进行仔细筛选和提取。2010 年全国人口普查数据包含了省区人口迁移的详细信息，但迁移数据与转移就业数据有一定的出入，且该数据仅为 2010 年的横截面数据，在省区个体效应无法控制的情况下，很难充分验证基础设施与劳动力转移的确切关系。而第二次全国农业普查的数据，将在外居住半年的农村人员排除在外，大幅低估了乡村从业人员和劳动力转移数目。

————————

① 在本节使用数据口径下，2008、2009 和 2010 年全国的劳动力转移数目分别为 23662 万人、24534 万人和 25549 万人，而根据《国家统计局 2011 年我国农民工调查监测报告》，这三年全国农民工总量分别为 22542 万人、22978 万人和 24223 万人，两者较为接近，可以佐证数据的可信度。

2. 城乡收入差距

城乡收入差距是本节研究的核心解释变量之一，根据发展经济学理论，是农业劳动力转移的主要驱动因素之一。本章采用城镇居民人均可支配收入和农村居民人均纯收入之差进行衡量，其中城镇居民人均可支配收入和农村居民人均纯收入均采用各省区以2000年为基期的居民消费价格指数（CPI）进行了调整。

3. 基础设施水平

本节首先采用中国省区公路里程与省区面积的比值构建了公路密度指标，作为基础设施水平的主要衡量指标。各省区的公路里程和陆地面积的数据均来自历年《中国统计年鉴》。其中，2006年后的公路里程加入了村道，造成统计口径不一致。考虑到村道基本不对城乡劳动力转移产生影响，本章在2006—2010年的公路里程中剔除了村道里程，由此计算公路密度，作为基础设施水平的核心测度变量。具体地，为了调整口径问题，本章首先在各省区统计年鉴、各省区交通年鉴以及省区交通运输厅的官方网站上找到部分2006—2010年村道里程的数据，进行剔除处理，其余部分利用期初期末的村道数据与包含村道的公路里程的比值的平均值进行近似估计。此外，本章也考察了通信类基础设施水平对农业劳动力转移的影响，选用电话和公用电话数目与乡村从业人员数的比值作为此类基础设施水平的衡量指标。

4. 全要素生产率

全要素生产率代表了企业生产的技术水平、组织效率和经营环境等企业自身要素投入无法解释的生产率差异。一般而言，全要素生产率的提高会带动边际生产率，从而提高对劳动力的需求，进而促进农业劳动力转移。关于分省层面的全要素生产率的估计，文献主要提供了索罗残差的固定效应方法及 Arellano 和 Bover 的 GMM 估计法。[①] 索罗残差的固定效应方法可能会面临同时性偏差（Simultaneity Bias）和样本选择性偏差（Selectivity and Attrition Bias）两类问题。GMM 方法，尤其是系统 GMM 方法通过引入内生变量的水平和差分滞后项作为工具变量，则可在很大程度上解决宏观变量的回归问题。[②] 因此本章采用系统 GMM 估计法，利用中国 31 个省市区 1978—2010 年工业部门 GDP、规模以上工业企业固定资产净值和工业企业劳动力面板数据，对分省区全要素生产率进行估测。

5. 农业劳动生产率

农业劳动生产率的提高一方面使得单位农业劳动力的产出增加，提高农村居民收入，减弱了农业劳动力转移的动力。另一方面，通过增加农产品产出，也向工业部门释放了农业劳动力，促使劳动力转移。在下面的分析中，本章选用农业劳均机械总动力（农业机械总动力与农业就业人口的比值）来衡量农业劳动生产率。

（二）重要变量

本节所选取的其他重要变量还包括对外开放程度、国企比重、

---

① Arellano, M., and O. Bover, "Another Look at the Instrumental Variable Estimation of Error-components Models", *Journal of Econometrics*, Vol. 68, No. 1, 2003, pp. 29 – 51.

② 鲁晓东、连玉君：《中国工业企业全要素生产率估计：1999—2007》，《经济学（季刊）》2012 年第 11 卷第 2 期。

公共教育支出水平以及金融发展规模和效率等。

1. 对外开放程度

参照以往文献做法，本章采用外商直接投资以及进出口总额与 GDP 的比值作为对外开放程度的衡量。对外开放程度可能会通过多个渠道影响农业劳动力转移。一方面，一个地区的开放程度越高，越有利于对先进技术的引进和先进管理经验的吸收，也就有利于全要素生产率的提高，进而可能会影响农业劳动力转移；另一方面，中国现阶段还处于劳动力转移的高峰期，开放程度越高，表明经济活动越活跃以及资本深化程度越高，从而促进劳动力从农业部门向非农部门转移。此外，对外开放程度还可能通过要素分配的角度影响农业劳动力转移。Bentolila 和 Saint-Paul 指出，任何影响市场不完全竞争程度的因素均有可能影响要素分配。[①] 针对中国市场的具体情形，外商直接投资及进出口总额可以作为产品市场竞争程度的度量，市场竞争程度的加强会减小农业劳动力转移成本。

2. 国有企业比重

由于户籍制度的限制，农业劳动力较难成为国有企业的编制内职工，若国有企业比重较大，说明国有企业垄断力较强，则倾向于减少农业劳动力转移。此处本章采用规模以上国有及国有控股工业企业的总产出占全部规模以上工业企业的总产出的比值作为国有企业比重的衡量。

---

① Bentolila, S. and G. Saint-Paul, "Explaining Movements in the Labor Share", *Contribution to Macroeconomics*, Vol. 3, No. 1, 2003, Article 9.

3. 公共教育支出水平

本章采用人均公共教育支出衡量公共教育支出水平。事实上，公共教育支出是一种资源分配。一般来讲，城市居民的教育水平比农村居民高，因此公共教育支出对农村居民进行投资的边际产出更高。若公共教育支出的城乡分配比较平均，则人均教育支出水平的提高有利于促进农业劳动力转移。但若公共教育支出城乡分配不均，可能阻碍农业劳动力转移。

4. 金融发展规模和效率

本章引入贷款总额与 GDP 的比值作为金融发展规模的指标，以贷款总额与存款总额的比值作为金融效率的代理变量。在中国特定的经济发展环境下，两者对城乡收入差距、进而对农业劳动力转移可能具有不同的影响。中国金融系统在金融资源的分配上表现出明显的城市化倾向，在信贷配置中倾斜于国有部门，这种非均衡发展可能不利于农业劳动力转移。[1] 章奇等和叶志强等通过分析发现，金融发展显著地扩大了城乡收入差距。[2] 同时注意到，如果随着金融规模的发展，金融效率有所提高，那么这种城市化倾向和国企倾向可以得到一定的缓解，金融发展可能会带来缩小城乡收入差距的作用。姚耀军的分析表明，虽然金融发展规模与城乡收入差距正相

---

[1]　Wei, S. and T. Wang, "The Siamese Twins: Do State-owned Banks Favor State-owned Enterprises in China?" *China Economic Review*, Vol. 8, No. 1, 1997, pp. 19 – 29; Park, A. and K. Sehrt, "Tests of Financial Intermediation and Banking Reform in China", *Journal of Comparative Economics*, Vol. 29, No. 4, 2001, pp. 608 – 644.

[2]　章奇、刘明兴和陶然：《中国金融发展与城乡收入差距》，《中国金融学》2004 年第 1 期；叶志强、陈习定和张顺明：《金融发展能减少城乡收入差距吗？——来自中国的证据》，《金融研究》2011 年第 2 期。

关，但金融发展效率与城乡收入差距负相关。[①]

（三）其他因素

除以上变量外，本节还进一步加入了城镇失业率变量和资本回报率变量，因为两者均有可能通过影响城镇部门劳动力需求而影响劳动力转移率。在回归分析中，前者采用城镇失业率变动来衡量，后者采用工业企业利润总额与工业企业固定资产净值的比例来衡量。其中，在基准回归中，城镇失业率采用城镇登记失业率来衡量。由于统计上所存在的问题，城镇登记失业率指标并不能很好地反映我国城镇部门失业率水平，更理想的测量指标是城镇调查失业率。然而，目前国家统计局并未全面公开城镇调查失业率数据，只有部分省份城镇家庭住户调查微观数据可得。通过整理计算城镇家庭住户调查微观数据，可以得到 9 个省份 1992—2009 年城镇调查失业率估计数据。因此，本节在回归分析中，采用城镇调查失业率作为辅助分析（结果显示无显著差异，报告于附录 B 的附录表 1）。

为消除价格变化可能造成的影响，对名义变量数据采用各省区以 2000 年为基期的居民消费价格指数（CPI）进行了调整，例如人均公共教育支出等。此外，本节也控制了通货膨胀的影响。以上各变量的统计描述报告在表 2—1 中。

---

① 姚耀军：《金融发展、城市化与城乡收入差距——协整分析及其 Granger 因果检验》，《中国农村观察》2005 年第 2 期。

表 2—1　　　　　　　　农业劳动力转移驱动因素回归变量统计描述

变量	观测个数	均值	标准差	最小值	最大值
农业劳动力转移量（对数）	530	2.694	1.454	-1.609	5.205
城乡收入差距（对数）	589	8.285	0.518	6.975	9.570
GDP 增长率	589	0.108	0.045	-0.043	0.345
公路密度（对数）	584	7.825	0.932	5.092	9.839
贷款/GDP	589	0.996	0.286	0.533	2.260
贷款/存款	589	0.870	0.251	0.233	1.890
全要素生产率（对数）	587	-1.001	0.344	-1.805	-0.070
农业劳动生产率（对数）	583	2.882	0.698	0.846	4.364
FDI/GDP	576	0.035	0.036	0.000	0.243
进出口总额/GDP	589	0.299	0.397	0.032	2.173
国有企业比重	584	0.511	0.202	0.094	0.899
公共教育支出水平	483	3.280	3.099	0.374	20.15
城镇登记失业率（%）	565	3.370	0.966	0.400	7.400
城镇调查失业率（%）	162	6.367	3.184	1.338	14.49
资本回报率	589	0.096	0.083	-0.055	0.461
CPI（%）	589	5.178	7.021	-3.900	29.70

　　数据来源：《中国统计年鉴》、各省区统计年鉴、各省区交通年鉴以及省区交通运输厅的官方网站、《新中国 60 年统计资料汇编》《新中国农业 60 年统计资料汇编》和 CEIC 数据库；城镇调查失业率采用城镇家庭住户调查微观数据估算。各变量样本区间为 1992—2010 年，通信基础设施样本区间为 1998—2010 年，由于个别省市区的部分观测值数据缺失，各变量的观测个数不完全相等。

二　实证分析结果

　　本节利用中国省区面板数据，以农业劳动力转移量作为被解释变量，对农业劳动力转移的决定因素进行经验分析。参考以往文献做法，本节同时采用 SAR 和 SEM 两种模型进行分析，以克服潜在的空间相关性的影响，并进行最大似然估计。本节对空间权重矩阵的设定也参考了上述文献，把相邻省份的权重系数选取为 1，不相邻省份的权重系数选取为 0，[①] 并在具体计量估计中对权重矩阵进行了标准化处理。为便于比较，本节将两种模型下的回归结果对称报告于回归表中。

表 2—2 报告了基准回归结果。结果显示，城乡收入差距变量的系数显著为正，说明城乡收入差距越大，农业劳动力转移的动机越强，农业劳动力转移量越大，符合预期。GDP 增长率的系数显著为正，说明经济增长增加了对非农劳动力的需求，从而有利于促进农业劳动力转移。基础设施规模水平的系数显著为正，说明基础设施水平的提高有利于降低劳动力转移成本，促进农业劳动力转移，与预期一致。

其他影响变量的估计结果也大致符合预期：国有企业比重的系数符号显著为负，表明国企比重越大，劳动力转移量越低。可能的解释是，由于户籍制度的限制，农业劳动力很难成为国有企业的编制内职工，而主要流向非国有企业，因而国有企业比重增大，说明国有企业垄断力增强，则劳动力转移越弱。公共教育支出水平的系数显著为负，说明公共教育支出水平提高反而不利于农业劳动力的快速转移和就业，显示现实情况下公共教育支出的有偏性进一步降低了农业劳动力到城市就业的机会。类似地，现行有偏的金融发展也不利于促进农业劳动力转移，而金融效率的提高起到部分积极作用。农业机械化水平所代表的农业劳动生产率的提高对农业劳动力

---

① 参照骆永民《中国城乡基础设施差距的经济效应分析——基于空间面板计量模型》，《中国农村经济》2010 年第 3 期，本节将广东和海南视为相邻省份。

转移的影响显著为负，原因可能在于其通过增加农产品产出和农业劳动收入，提高了农业劳动力转移的机会成本。此外，资本回报率的系数显著为正，说明资本回报率越高，投资的激励越大，对非农劳动力的需求也就越高，越有利于促进农业劳动力转移。

全要素生产率变量的回归系数显著为负，显示技术水平的提高反而降低了劳动力转移。可能的解释是全要素生产率通过提高产出而促进劳动力转移的作用已被 GDP 增长率变量所控制，剩余的影响则反映了技术进步是有偏的，技术密集型企业或资本密集型企业比重提高，反而降低了对于农业转移劳动力的需求，不利于促进农业劳动力的转移。此外，FDI/GDP 比重对农业劳动力转移的影响也显著为负，可能的原因是外企对人力资本要求较高，难以起到促进农业劳动力转移的作用，但具体原因还有待深入研究。其他变量如 CPI 和城镇登记失业率的系数不显著，显示对劳动力转移可能没有显著影响。但城镇登记失业率系数不显著也可能是因为现有失业率指标本身所存在的缺陷所导致的。不过，本节采用由城镇家庭住户调查数据估算得到的 9 个省份的城镇调查失业率，回归分析结果也无显著差异（具体结果见附录 B 的附录表 1）。

表 2—2　　　　　　　　农业劳动力转移驱动因素基准回归结果

解释变量：农业劳动力转移	空间自回归模型（SAR）			空间误差模型（SEM）		
	(1)	(2)	(3)	(4)	(5)	(6)
城乡收入差距	0.399 ***	0.919 ***	0.853 ***	0.524 ***	0.943 ***	0.872 ***
	(0.133)	(0.168)	(0.166)	(0.149)	(0.177)	(0.175)

续表

解释变量：农业劳动力转移	空间自回归模型（SAR）			空间误差模型（SEM）		
	（1）	（2）	（3）	（4）	（5）	（6）
GDP 增长率	3.147 ***	3.469 ***	3.279 ***	3.301 **	3.011 ***	2.861 ***
	（1.193）	（0.986）	（1.005）	（1.278）	（1.050）	（1.057）
公路密度（对数）	0.500 ***	0.549 ***	0.545 ***	0.518 ***	0.547 ***	0.534 ***
	（0.049）	（0.048）	（0.047）	（0.052）	（0.050）	（0.050）
全要素生产率（对数）	− 0.580 ***	− 0.620 ***	− 1.045 ***	− 0.643 ***	− 0.631 ***	− 1.056 ***
	（0.202）	（0.176）	（0.193）	（0.206）	（0.176）	（0.194）
农业劳动生产率（对数）	− 0.462 ***	− 0.289 ***	− 0.351 ***	− 0.549 ***	− 0.345 ***	− 0.400 ***
	（0.075）	（0.068）	（0.068）	（0.084）	（0.071）	（0.071）
FDI/GDP		− 9.683 ***	− 8.770 ***		− 10.23 ***	− 9.306 ***
		（1.480）	（1.480）		（1.517）	（1.509）
进出口总额/GDP		− 0.018	− 0.209		0.060	− 0.127
		（0.155）	（0.156）		（0.154）	（0.156）
国有企业比重		− 1.511 ***	− 1.446 ***		− 1.852 ***	− 1.790 ***
		（0.256）	（0.252）		（0.281）	（0.283）
贷款/GDP		− 1.116 ***	− 0.839 ***		− 1.023 ***	− 0.794 ***
		（0.185）	（0.188）		（0.189）	（0.189）
贷款/存款		0.453 *	0.164		0.321	0.134
		（0.257）	（0.259）		（0.261）	（0.259）
公共教育支出水平		− 0.118 ***	− 0.135 ***		− 0.133 ***	− 0.143 ***
		（0.024）	（0.024）		（0.026）	（0.025）
城镇登记失业率变动（%）			0.040			0.012
			（0.077）			（0.079）
资本回报率			3.503 ***			3.500 ***
			（0.730）			（0.724）
CPI（%）			0.006			0.002
			（0.007）			（0.008）
ρ	0.230 ***	0.114 ***	0.096 **	/	/	/
	（0.045）	（0.041）	（0.041）	/	/	/

解释变量： 农业劳动力转移	空间自回归模型（SAR）			空间误差模型（SEM）		
	(1)	(2)	(3)	(4)	(5)	(6)
λ	/	/	/	0.257 ***	0.217 ***	0.196 ***
	/	/	/	(0.051)	(0.049)	(0.052)
Moran's I	0.248 ***	0.217 ***	0.173 ***	0.253 ***	0.229 ***	0.195 ***
R²	0.891	0.885	0.892	0.890	0.883	0.889
调整后的 R²	0.884	0.877	0.883	0.883	0.874	0.880
log-likelihood	−721.7	−616.9	−603.6	−722.3	−611.7	−599.8
观测值数	589	589	589	589	589	589

说明：***、**、* 分别代表在 0.01、0.05、0.1 的显著性水平下显著。Moran's I 为空间相关性检验结果。ρ 和 λ 分别为空间自回归模型（SAR）和空间误差模型（SEM）的空间相关系数。R²、调整后的 R² 和 log-likelihood 反映模型的拟合优度。

三　简要结论

本节利用中国省区面板数据，检验了农业劳动力转移的主要驱动因素。分析发现，城乡收入差距、基础设施水平的提高、经济增长和资本回报率的提升，以及国企比重下降或私营部门的发展，是促进我国农业劳动力转移的主要驱动因素，而现行有偏的金融发展和公共教育支出等因素则不利于农业劳动力转移。

现实经济中，在依然存在大量农业剩余劳动力需要转移的情况下，中国却已经出现了城乡收入差距扩大、劳动力转移势头减缓的迹象，这引发了学界和业界对"转型红利"能否继续奏效的焦虑。鉴于可转移农业劳动力数量仍然庞大，潜在的"转型红利"仍将长期持续地发挥巨大的增长效应，对于中国能否顺利走过中等收入陷阱的前景也不必悲观。根据本节的检验结果，提高基础设施建设水平和促进私营部门的发展等是促进农业劳动力转移的有力措施。

特别地，基础设施水平的提高除了能够有效促进农业劳动力向非农部门转移，同时也是工业化、城市化至关重要的物质基础。尽管中国基础设施规模近年来有快速增长的势头，但从国际比较来看，基础设施水平依然偏低①。政府应该择机加强基础设施建设，尤其是在宏观经济不景气时，加大能够提高经济效率和有效促进农业劳动力转移的基础设施投资。从短期来看，作为政府扩张性财政政策的一种手段，在目前经济增速放缓的情况下，基础设施投资可以拉动国内需求，防止经济过度下滑；从中长期来看，基础设施规模的扩大可以提高经济运行效率，促进农业劳动力转移，缩小城乡收入差距，为顺利实现经济转型创造有利的条件，也为中国城市化和现代化打好基础。当然，在具体实施过程中，也要注重优化政府主导的基础设施投资的方向和结构，适当鼓励一部分民营资本进入，以进一步发挥基础设施在改进生产效率和改善居民收入分配方面的作用。

◇ 第三节 农业劳动力转移的技术保障： 劳动生产率革命

中国过去30多年经济发展取得举世瞩目成就，一个不可或缺的

---

① 徐建国、张勋：《中国政府债务的状况、投向以及风险分析》，《南方经济》2013 年第 1 期。

基础性条件是当代中国农业生产结构转型和效率持续提升。中国是人口大国，农业作为整个国民经济基础有着特别重要的意义。而自改革开放以来，中国农业劳动力持续向非农部门转移，推动农业劳动力占总体劳动力的比重以年均超过一个百分点的速度趋势性下降。中国经济的平稳转型，只有在农业劳动生产率水平较高，能够以较少的劳动消耗取得更多农产品的情况下才能实现，社会上才有可能有更多的农业劳动力转移到非农部门，从而有力支撑非农部门发展和经济社会转型。

　　大国发展需要农业基础条件的道理简单至极：对于中国这样十亿人口量级的超大型经济体成长转型，一定要有本国传统农业生产效率提升，尤其是农业劳动生产率相应增长作为支持；否则，对于食物的初级需求派生规律会从根本上遏制经济成长进程，或者间接通过超出接受范围的农产品价格上涨制约进程（对于处于农业劳动力转移进程中的经济体尤其如此）。马克思曾经指出，超过劳动者个人需要的农业劳动生产率是一切社会的基础。[①] 现代发展经济学更是把农业劳动生产率增长看作经济发展的前提条件，因为农业部门产出的食物和原料构成满足人类存在和发展需求的基本物质保障条件，只有在单位劳动农业产出数量提升基础上，社会经济才可能通过分工深化提高效率，并推动物质文明发展。近现代很多国家、特别是大国经济发展实践，对上述基本规律提供了广泛的国际经验支持和验证。

---

　　① 《资本论》第 3 卷，人民出版社 1974 年版，第 885 页。

通过观察农业劳动生产率变动轨迹，不仅是农业经济学领域重要课题，并且也是理解中国这个巨型经济体整体转型的基本前提条件的不可或缺的功课。具体来说，新中国 60 年发展历史，特别是改革开放以来，我国农业劳动生产率数量水平变动轨迹如何？不同时期和不同品种劳动生产率变动走势有什么特点？采用不同指标衡量的劳动生产率是否可比或有什么差异？在我国劳动力跨部门转移和两部门互动发展的背景下，农业边际劳动生产率的变动形势如何？系统度量农业劳动生产率对定量描述农业生产效率提升，对于理解中国经济转型成长阶段性成功，也都有认识借鉴意义。国内学术界已有不少研究关注农业劳动生产率分析，然而已有研究仍然存在具体定位不同和在理解中国农业劳动生产率方面不够系统和聚焦的问题。粗略文献考察显示，已有研究从不同角度对我国农业生产情况进行考察，但对于农业劳动生产率基础性和较长时期的系统度量还比较缺乏。

因此，本节试图在已有的研究成果基础上，尝试采用不同方法对农业劳动生产率变动进行系统估测。通过对新中国 60 多年来农业劳动生产率系统估测和变动趋势分析，提供我国农业劳动力能够持续平稳转移的现实基础。农业劳动生产率一般定义是单位农业劳动投入所带来的农业产出，可以直接依据产出与劳动投入数量加以计算，是衡量农业生产效率水平的基本指标之一。此外，根据投入与产出衡量单位的不同，可以采用不同的具体指标加以度量。农业产出既可以用市场交易价值量衡量，也可以用重量体积等实物单位衡量。农业劳动力投入，既可以采用小时、工日等时间单位衡量，而在缺乏微观调查数据支持的条件下，也往往会采用农业劳动力数量作为近似度量，但这一度量在时序意义上的比较，需要假定农业劳动力每年投入的劳动时间长度和强度大体可比。

我国改革开放后转轨实施并逐步完善的国民经济核算体系以及相关统计制度，提供了农业增加值以及农业劳动力的时间序列和分省区数据，利用学界对农业资本存量估计结果及本书的更新，本章能够对增加值下农业平均和边际劳动生产率的总体变动趋势进行估算。同时，我国政府有关部门进行的全国农产品成本收益调查数据，提供了体例大体稳定和数据指标大致可比的单位面积土地的劳动工日投入以及资本性投入等较长时间序列数据，以及连续年份主要农产品主产省区面板数据，使本章能对主要农产品实物量衡量的平均和边际劳动生产率进行估算。作为对价值量估计的有力补充，农产品成本收益调查数据有三方面优点：第一，农业劳动投入以工作日数为单位，有助于消除农业劳动力年人均投入由于农忙农闲季节长短等因素带来的不确定性和误差；第二，采用实物量统计有助于消除价值量衡量通常面临的跨期可比性问题，即便用物价指数进行调整以得到跨期可比数据，也仍面临价格数据质量问题和对统计结果的潜在不确定影响；第三是以地亩为单位的抽样调查数据，自动控制了土地面积变动影响，为劳动生产率度量和估计带来便利。

因此，本节将利用国民经济核算体系下的农业部门价值量和全国农产品成本收益调查提供的实物量两套数据，对我国农业平均劳动生产率加以系统度量。通过对新中国60多年来农业劳动生产率系统估测和变动趋势分析，提供我国农业劳动力能够持续平稳转移的

现实基础。此外，本节也利用不同数据和方法系统估算了我国农业
边际劳动生产率，限于正文篇幅，具体估算过程和结果见"附录C：
中国农业劳动生产率估测"。

一 增加值衡量的农业劳动生产率

图2—4报告新中国成立60多年来以不变价格计算的农业部门
增加值和劳动力数量的变动情况。尽管农业增加值占GDP的比重大
体呈下降趋势，从1952年的51%下降到1978年的28.2%，再到
2011年的10.1%，但农业增加值绝对值一直呈上升的变动趋势。
以1978年不变价衡量的实际增加值，从1952年的605.5亿元增长

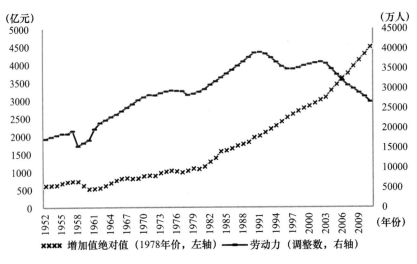

图2—4 中国农业增加值和劳动力数量（1952—2011年）

数据来源：《新中国农业60年统计资料》及历年《中国统计年鉴》。

到 2011 年的 4490.1 亿元，增长了 6.42 倍。其中，在 1978 年以前增长到 1027.5 亿元，增长了 0.7 倍；改革开放以来，继续快速增长了 3.37 倍。农业劳动力从 1952 年的 1.73 亿人，中间经过 1958 年和 1978 年先后两次较大和较小下降，增长到 1991 年峰值约为 3.91 亿人，随后波动下降到 2011 年 2.66 亿人（中间 1998—2002 年略有上升）。

　　图 2—5 报告新中国成立 60 多年来农业劳动生产率变动情况。以 1978 年不变价衡量，农业劳动生产率从 1953 年的 350 元/人到 1976 年"文革"结束时 343 元/人，20 多年不升反降，而与改革开放元年 1978 年的 363 元/人比较，计划经济体制下，25 年也仅增长 3.7%。改革开放以后，劳动生产率实现较快增长，2011 年为 1688

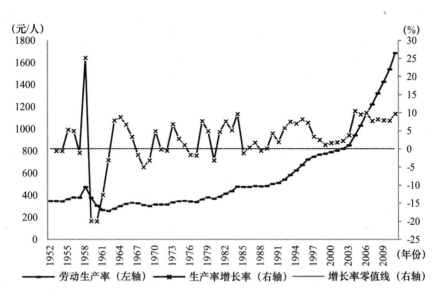

图 2—5　中国农业劳动生产率及其增长率（1952—2011 年，1978 年价）

数据来源：《新中国农业 60 年统计资料》及历年《中国统计年鉴》。

元/人，是 1978 年的 4.7 倍，年均增长 4.8%。从增长稳定的角度看，计划经济体制时期劳动生产率的增长率波动剧烈，如 1958 年和 1959 年先后经历 25% 的增长和 20% 的下降；相比之下，改革开放以来不仅增长率水平提高了，增长率的波动幅度也有所变小，劳动生产率实现了快速稳定的增长，特别是 2003 年以来，增长率稳定在 8%—10%。

二 实物量衡量的农业劳动生产率

下面利用全国农产品成本收益调查数据（以下简称农本数据）估算主要农产品平均劳动生产率。① 农本数据调查以每亩为基本统计单位，原始数据一般为每亩产量（公斤/亩）、劳动用工（日/亩）、物质费用（元/亩）等指标的全国和省区市数据。② 通过整理每亩土地投入的劳动工日和产出实物量数据可计算平均劳动生产率。

---

① 全国农产品成本调查始于 1953 年（1966—1974 年间因"文革"冲击而中断），1984 年全国各级物价系统组建农产品成本调查队，专门负责调查全国主要农产品生产成本和收益情况，逐步形成覆盖全国 31 个省（自治区、直辖市），312 个地（市），1553 个调查县，60000 多农户组成的规模庞大的农产品成本调查网络。全国统一调查的品种包括粮食、油料、棉花、烤烟、蚕茧、糖料、水果、生猪、鸡蛋和牛奶等 68 种主要农产品。调查的主要内容是农产品生产过程中的种子、化肥、农药、农机、灌溉、燃料动力、工具材料、折旧、修理等各项物耗和资金支出，税金、保险、管理费、财务费等费用支出，以及劳动力成本和土地成本。目前该项工作由国家发展和改革委员会价格司主管。

② 生猪则为每头产量（公斤/头）、劳动用工（日/头）和物质费用（元/头）等统计指标。

粮食在农业中具有特殊重要作用。粮食安全目标的现实重要性使得农业政策很大程度围绕粮食生产和供给展开。农本数据专门提供"三种粮食（稻谷、小麦、玉米）平均"的成本和收益数据。图2—6显示了1953—2010年全国粮食亩产量、用工量与资本投入,[①]其中,资本投入用调查中"物质费用"[②]作为代理指标,并用以1978年为基期的农业生产资料价格指数进行调整。图中显示,计划经济体制时期粮食亩产量从1953年的139公斤增长到1978年的221公斤,25年增长59%,年均增长1.87%。改革开放时期,粮食亩产量继续增长,2010年达到424公斤,比1978年增长92%,年均增长1.99%。总体上看,我国粮食亩产量自新中国成立以来大体表现为线性趋势增长。但是,亩均用工日数变动轨迹则截然不同,呈现先升后降的变动趋势。改革开放以前,劳动用工投入从1953年的9.19个工日增加到1978年的33.3个工日,增加了两倍多,同期以不变价格计算的物质费用从8.05元增加到25.92元,与劳动用工增幅类似;改革开放以后,亩均劳动用工投入持续下降,2010年已经下降到6.9日,物质费用则继续上升到61.3元。可见与计划经济时期劳动和资本双双增长推动较低亩产量增长相比较,改革开放以后,通过要素投入变化,表现为资本替代劳动并导致劳动生产率较快提升的过程。

---

① 1966—1974年数据缺失,在图形中为直线。

② 1998年以后,"物质费用"口径发生了变化,改为"物质和服务费用",经对比发现,两者相差不大,且比例大致稳定。因此,这里暂未作调整,后文在计量分析中将作相应处理。

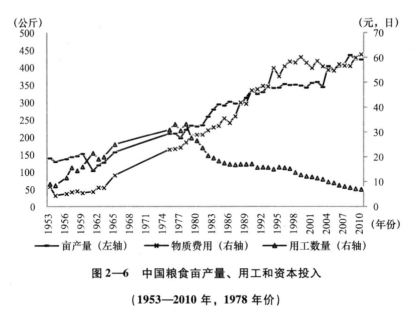

图2—6 中国粮食亩产量、用工和资本投入

(1953—2010 年, 1978 年价)

数据来源:《建国以来全国主要农产品成本收益资料汇编:1953—1997》及历年《全国农产品成本收益资料汇编》。

图2—7 报告粮食平均劳动生产率增长情况。改革开放以前,粮食的劳动生产率基本处于停滞甚至下降状态,最低的1961年只有4.76公斤/日,1978年也仅为6.65公斤/日,比1953年的15.15公斤/日反而下降过半。粮食劳动生产率显著下降与农业增加值衡量的劳动生产率停滞不前,从不同角度显示计划经济体制时期经济发展模式缺乏效率。改革开放以后,劳动生产率快速增长,2003年达到31公斤/日,年均增长6.35%。随后劳动生产率增长进一步提速,2010年达到61.1公斤/日,该时期年均增长率达到10.18%。整个改革开放时期(1978—2010年)年均增长约7.18%,属于较高的增长速度。

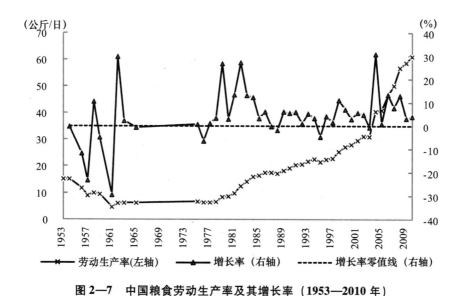

图 2—7　中国粮食劳动生产率及其增长率（1953—2010 年）

数据来源：《建国以来全国主要农产品成本收益资料汇编：1953—1997》及历年《全国农产品成本收益资料汇编》。

　　图 2—8 显示了 13 种主要农产品当代劳动生产率年均增长率。考虑到有些产品数据截止期不同，选取绝大部分产品都有数据的 1980—2010 年，大体对应改革开放时期我国农业劳动生产率增长情况。从 30 年平均情况看，劳动生产率增长速度最高者为鸡蛋，年均约 10%，最低者为苹果，约 3.5%。其中，大宗农产品劳动生产率实现了较快稳定增长，四种粮食平均 7%，增长最快的是小麦，为 8.1%；最低的是稻谷，为 6.3%。

　　图 2—9 表明了 13 种主要农产品改革开放以来分时段劳动生产率年均增长率。不同时期不同农产品劳动生产率增长相对速度显著不同。对于鸡肉、鸡蛋、淡水鱼和牛奶等动物产品，生产率呈现先

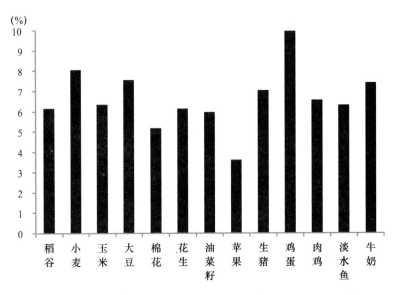

图 2—8　主要农产品劳动生产率年均增长率（1980—2010 年）

高后低变化。在 20 世纪 80 年代，鸡蛋、鸡肉、淡水鱼劳动生产率增长率分别高达 24.6%、21.9% 和 12.8%；90 年代，三种动物产品年均增长率仍高于两位数，而从 90 年代开始有农本调查数据的牛奶生产率增长率也在 9.8% 的较高水平。但是 21 世纪最初十年，这四种动物产品增长率分别下降到 3.1%、3.8%、−0.2% 和 5.1% 的较低水平。棉花、花生和油菜籽以较小幅度呈现生产率增长率回落走势。大豆生产率则持续上升，三个十年时期年均增长率分别为 5.6%、7.0%、10.2%。生猪的生产 90 年代较高，约为 8.3%，前后两个十年略低，约为 6.3%。苹果生产率也呈现中间高两头低的走势。与苹果和生猪相反，三种主要粮食产品劳动生产率呈现两头较高中间较低格局。稻谷、小麦、玉米 80 年代分别为 7.7%、9.9% 和 7.8%，90 年代分别为 3.5%、5.2% 和 3.2%，但是新世纪最初十年增长率分别达到7.3%、9.2%和8.1%。

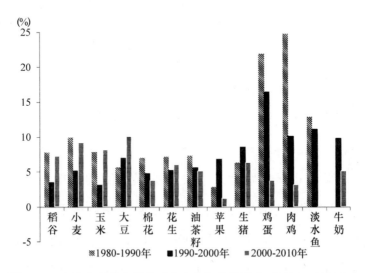

图2—9　主要农产品分段劳动生产率年均增长率（1980—2010年）

数据来源:《建国以来全国主要农产品成本收益资料汇编:1953—1997》及历年《全国农产品成本收益资料汇编》。

三　简要评论

新中国成立以来的经济发展，从正反两方面为说明农业生产效率提升对于促进经济发展的关系，提供了一个超大型国家的经验案例。中国计划经济时期的发展由于种种原因未能真正走上轨道，与当时农业劳动生产率停滞不前的严峻现实具有一致性，这可以从改革开放前后劳均农业增加值和劳均粮食产量的比较中看出。计划经济体制不能支持经济现代化可持续推进，与当时违背经济规律的农业经济体制抑制农业劳动生产率提升具有重要因果联系。改革开放前夕，我国仍有七成以上劳动力务农，1976 年的劳均粮食产量竟然比 1953 年水平还低。此前 20 多年虽以农业为基础作为政策方针，甚至不断用运动方式贯彻以粮为纲目标，中国人民仍未能普遍解决低水平温饱问题，这个局面直到 20 世纪 70 年代末进入改革开放时期以后，才发生历史性转变。

在改革开放体制转型推动下，过去 30 多年中国经济出现年均约 10% 的高速增长，并随着中国经济结构向工业化和城市化方向快速转变，人均收入也从国际比较意义上的最贫困国家初步跻身中等收入国家行列。这一切都是在农业生产函数快速嬗变和农业生产能力趋势性提升基础上取得。以 2009—2011 年平均值与改革前夕 1975—1977 年平均值比较，过去 30 余年我国农业实际增加值增长 3.3 倍，年均增长率约 4.4%。与 1978 年改革元年相比，2012 年粮食、棉花和油料等主要农产品总产量分别增长了 0.93 倍、2.15 倍和 5.59 倍，年均增长约为 2.0%、3.4% 和 5.7%；与 1985 年相比，肉类和奶类总产量分别增长了 3.35 倍和 12.39 倍，年均增长约 5.6% 和 10.1%。同期，我国农业劳动力还通过所谓农民工方式向非农部门转出 2.6 亿人，农业劳动力在总劳动力中的占比从超过 70% 下降到 35% 以下，年均下降超 1 个百分点。

通过对农业与国民经济整体发展图景的观察，不难看出，中国农业劳动生产率发生了历史性提升，从而彻底摆脱了人类历史上曾经深陷其中的马尔萨斯陷阱，在展现农业支持经济发展规律的同时，实现了中国作为最大人口国家的历史性转型。本节不同估测方法得到的估计结果细节不同，但共同形成一个基本结论，即与计划经济时期农业劳动生产率长期停滞甚至下降局面相比，农业部门在改革开放时期实现了劳动生产率革命，对我国工业化和城市化持续快速推进以及当代经济转型起到了基础性支撑作用。

◇ 第四节 本章总结

改革开放以来，在农业劳动力转移各驱动因素推动下，在农业劳动生产率提升支持下，中国农业劳动力向非农部门持续大规模转移，彻底改变了中国非农部门劳动市场版图，并对中国的投资、储蓄、技术进步和宏观经济周期波动等方面产生了深远的影响，是理解中国经济发展机制的关键。因此，在接下来的三章，本书将结合二元经济发展理论和内生增长理论，从农业劳动力转移的视角，逐一分析中国经济发展三大基本特征事实或三大发展谜题，即中国资本回报率上升之谜、中国储蓄率上升之谜和"奥肯定律"中国不适之谜。

第 三 章

农业劳动力转移与资本回报率
上升之谜

◇ 第一节 引言

改革开放以来，中国一直保持着很高的投资率，然而在很长的一段时期内，中国的资本回报率不仅没有下降，反而呈现出持续上升的趋势。根据国家统计局公开数据计算，1980—2014 年，中国投资率从未低于30%，平均高达39.4%。进入 21 世纪，中国投资率进一步上升，近年已接近50%，远高于世界其他国家水平（图1—2）。然而，在很长的一段时期内，如此高的投资速度并没有导致中国资本回报率不断下降。相反，近年学者研究提供的大量经验证据显示，自 1990 年代中后期以来，中国资本回报率呈现出持续上升的趋势。世界银行等较早报告了中国资本回报率此前一段时期上升的情况①。Bai、Hsieh 和 Qian 基于国民收入核算数据对中国资本回报率进行估

---

① 世界银行中国代表处：《中国经济季报》2006 年 5 月。

测结果表明，中国资本回报率在整个改革开放时期几乎一直保持在20%以上的高水平，近年来还有上升的趋势。[1] CCER "中国经济观察"研究组基于工业企业财务会计中资本回报和资本存量数据的测算结果表明，中国资本回报率呈现先降后升的特点，九个系列指标上世纪末止跌回升后呈现持续增长趋势。[2] 舒元、张莉和徐现祥也通过对工业资本收益率的测算，指出中国资本收益率在近十年内大幅提高。[3] 方文全从年份资本理论视角重估了中国资本回报率，通过采用修正的折旧率将资本回报率水平整体向下调整了3%—5%，但总体变动仍呈上升趋势。[4] 张勋和徐建国核算显示，总体资本回报率从1998年开始持续上升，到2009年出现下降，但是工业资本回报率依然呈现上升态势，2012年工业固定资产回报率达到27.8%[5]。本书图1—3报告数据也清晰显示中国资本回报率的上升趋势。

根据新古典增长理论基本假设，在技术水平和劳动要素投入给定的情况下，资本的边际产出会随着资本存量的不断增加而下降，即资本边际收益递减规律。中国作为发展中国家，常被视为缺乏技术进步的典型，那么如何解释中国在长期保持高投资率的同时，资本回报率反而持续上升的现象呢？已有研究虽对中国资本回报率水

---

[1] Bai, C., C. Hsieh, and Y. Qian, "The Return to Capital in China", *Brookings Papers on Economic Activity*, Vol. 2, 2006, pp. 61 – 88.

[2] CCER "中国经济观察"研究组：《我国资本回报率估测（1978—2006）——新一轮投资增长和经济景气微观基础》，《经济学（季刊）》2007年第6卷第3期。

[3] 舒元、张莉、徐现祥：《中国工业资本收益率和配置效率测算及分解》，《经济评论》2010年第1期。

[4] 方文全：《中国的资本回报率有多高？——年份资本视角的宏观数据再估测》，《经济学（季刊）》2012年第11卷第2期。

[5] 张勋、徐建国：《中国资本回报率的再测算》，《世界经济》2014年第8期。

平做了系统估算，并讨论了资本回报率对判断中国高投资率是否合理的含义，但是对资本回报率上升背后的原因分析尚未给予足够的重视，从理论上研究回报率上升原因的文献还比较少。然而，这个问题对正确理解中国经济发展模式以及判断当前经济形势却非常重要。在现有经济发展理论中，具备这种理论上的可能性的模型框架主要有两个，分别为新增长理论和二元经济发展理论。前者通过内生化技术进步，后者通过引入农业劳动力转移因素，在理论上均有可能推导出资本回报率维持不变甚至上升的结果。那么，它们能否为中国资本回报率持续上升提供理想解释呢？

首先以作为新增长理论典型代表的"知识溢出模型"为例，它由 Romer、Barro 和 Sala-I-Martin 等人提出，通过强调"学习效应"和"溢出效应"（以下合称"技术溢出效应"）而克服边际报酬递减规律。[①] 然而该模型的 AK 特性实际暗含了很强的、中国并不满足的理论假设。为说明这一点，假设一个企业 i 在 t 年的劳动增强型技术水平为 A_{it}，社会总资本存量为 K_t，由于技术溢出效应，企业技术水平 A_{it} 和社会资本存量 K_t 存在正向关系。在 Romer 等人的模型里，假定了 $A_{it} = K_t$；而更一般性的设定为 $A_{it} = K_t^{\sigma}$，$\sigma \geq 0$ 为投资的技术溢出效应弹性。[②] 经推导可知，只有在 $\sigma \geq 1$ 时，才能保证资本边际报酬不递减，Romer 正是假定了 $\sigma = 1$（单位弹性）而得到

① Romer, Paul M., "Increasing Returns and Long-Run Growth", *Journal of Political Economy*, Vol. 94, No. 5, 1986, pp. 1002 – 1037.

② Romer, Paul M., "Increasing Returns and Long-Run Growth", *Journal of Political Economy*, Vol. 94, No. 5, 1986, pp. 1002 – 1037; Barro, Robert J., and X. Sala-I-Martin, *Economic Growth*, Cambridge: Massachusetts Institute of Technology, 2nd edition, 2004.

了资本回报率可以维持不变的结论。[①] Li 等利用 Penn World Table 6.3 数据和最新方法估算了 σ 参数值，结果表明技术溢出效应的确存在，但相应口径的 σ 估计值仅为 0.552，远小于 1。[②] 事实上，他们对于各不同收入组国家的 σ 估计值均小于 1。本章利用中国 31 个省区市 1978—2010 年工业部门面板数据和系统 GMM 方法专门测算了中国的技术溢出效应参数 σ，结果为 0.663，略高于世界平均水平，但仍然不满足 $\sigma \geqslant 1$ 的条件。这意味着在知识溢出模型中，中国资本回报率应该是下降的，而不是上升。

再考察刘易斯二元经济模型，该模型强调农业剩余劳动力的存在使非农部门可以在不变的生存工资上面临无限的劳动力供给，进而在不变工资假设下，资本积累也可以不变的资本回报率进行。[③] 然而，中国近年来不断上涨的农民工工资使该理论同样失去了解释力。Zhang、Yang 和 Wang 利用中国农业调查数据进行的工资涨势分析表明，中国实际工资在 2003 年以后已经有了明显的上涨趋势，并由此推断刘易斯拐点已经到来，意味着至少此后工资不变假设已不成立。[④] 而根据卢锋关于中国农民工工资的测算，过去 30 余年，中国农民工工资一直在不断上涨，名义工资更是以年均近 10% 的速度

---

① Romer, Paul M., "Increasing Returns and Long-Run Growth", *Journal of Political Economy*, Vol. 94, No. 5, 1986, pp. 1002 – 1037.

② Li J., K. Shen and R. Zhang, "Measuring Knowledge Spillovers: A Non-appropriable Returns Perspective", *Annals of Economics and Finance*, Vol. 12, No. 2, 2011, pp. 265 – 293.

③ Lewis, W. A., "Economic Development with Unlimited Supplies of Labour", *Manchester School*, Vol. 22, No. 2, 1954, pp. 139 – 191.

④ Zhang, X., J. Yang and S. Wang, "China Has Reached the Lewis Turning Point", *China Economic Review*, Vol. 22, No. 4, 2011, pp. 542 – 554.

增长（图3—1）[①]。事实上，Lewis 本人在回顾二元经济模型时也指出，不变工资假设被证明在许多发展中国家都不成立，并称之为同时期最大的理论谜题。[②] 无论如何，刘易斯模型所能够维持资本回报率不递减的假设条件在中国也不成立。不仅如此，在该模型下，工资的上涨还将意味着资本回报率的下降。

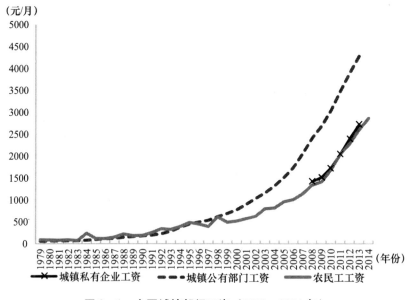

图3—1　中国城镇部门工资（1979—2014 年）

数据来源：CEIC 和卢锋：《中国农民工工资走势：1979—2010》，《中国社会科学》2012 年第7 期，2007 年以前农民工工资来自卢锋《中国农民工工资走势：1979—2010》，《中国社会科学》2012 年第7 期。

---

① 卢锋：《中国农民工工资走势：1979—2010》，《中国社会科学》2012 年第7 期。

② Lewis, W. A., "The Dual Economy Revisited", *Manchester School*, Vol. 47, 1979, pp. 211 - 229.

一些学者考虑到中国具体情况，结合中国经济结构转型特征研究资本回报率上升现象。Song、Storesletten 和 Zilibotti 构建了包含两类企业的转型经济模型来解释该现象：在生产率相对较高的私有企业逐渐将国有企业挤出市场的过程中，两类企业的资本回报率保持不变，总体资本回报率由于组合效应而上升①。然而这一解释的基本假设与中国实际情况并不一致。根据世界银行、CCER "中国经济观察" 研究组和本章的测算（图3—2），自1998年以来中国的私有企业、国有企业和三资企业的资本回报率都在不断提高，且呈大体相同的增长趋势，说明推动中国资本回报率上升的主要是覆盖三类企业的整体性因素。② 其他一些学者试图通过对中国资本回报率的分解来解释其上升的主要推动因素。舒元等通过对工业资本收益率分解发现，收益率的增长主要由自身增长效应带来，资本效率改善更多体现在总量效率上。③ 黄先海、杨君和肖明月对中国资本回报率变动的分解表明，资本回报率没有随投资增长而降低的主要原因是技术进步提高了资本边际产出。④ 这些实证研究表明，推动中国资本回报率上升的基础性因素应能够带动中国技术进步和资本总

---

① Song Z., K. Storesletten, and F. Zilibotti, "Growing Like China", *American Economic Review*, Vol. 101, 2011, pp. 196 – 233.

② 世界银行中国代表处：《中国经济季报》2006 年 5 月；CCER "中国经济观察" 研究组：《我国资本回报率估测（1978—2006）——新一轮投资增长和经济景气微观基础》，《经济学（季刊）》2007 年第 6 卷第 3 期。

③ 舒元、张莉、徐现祥：《中国工业资本收益率和配置效率测算及分解》，《经济评论》2010 年第 1 期。

④ 黄先海、杨君、肖明月：《中国资本回报率变动的动因分析——基于资本深化和技术进步的视角》，《经济理论与经济管理》2011 年第 11 期。

量效率提高，但要从理论上做出明确解释还须进一步工作。

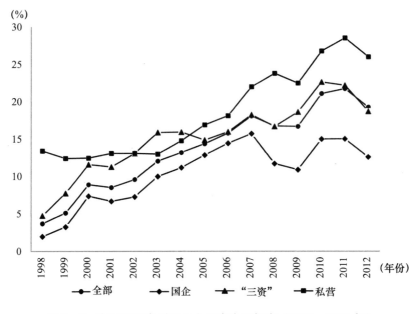

图3—2　中国不同类型工业企业资本回报率（1998—2012年）

说明：资本回报率指标为净资产税前利润率，由利润总额除以净资产（权益）得到；三资企业数据由外资和港澳台资加总而得。

数据来源：历年《中国统计年鉴》。

中国资本回报率的持续上升似乎成为一个难解的发展谜题。本章试图从内生劳动力转移和技术进步的视角重新审视中国二元经济结构转型，通过构建扩展的二元经济模型，进行动态一般均衡分析和实证分析来揭开这个谜题。本章认为，中国近年来的经济发展既不是纯粹的一元经济内生增长，也不是简单的"刘易斯式"的二元经济发展，而是一个同时存在内生增长机制的二元经济结构转型，因此需要将两种理论有机结合，从中国作为发展中国家的结构条件上理解中国高投资率和回报率上升并存现象。

本章构建的扩展模型放松了知识溢出模型对技术溢出效应的单位弹性假设，刻画了处于不同发展阶段的经济体维持资本回报率不变或上升所要求的"强条件"（$\sigma \geq 1$）和"弱条件"（$\sigma \geq 1/2$）。针对中国的转型背景条件，本章分析表明，劳动力转移与资本形成互相作用，动态提升技术水平，使实现资本回报率增长对技术溢出效应的要求由"强条件"降为"弱条件"。因而理论分析结论是，劳动力转移和技术溢出效应有机结合，共同推动了中国资本回报率上升。实证分析提供的经验证明显示，中国的确存在技术溢出效应，且满足上述"弱条件"，并在劳动力持续转移的背景下，使资本回报率趋于上升。

本章结构安排如下：第二部分是文献综述与讨论。第三部分是理论模型，通过动态一般均衡分析，解释中国资本回报率上升。第四部分是实证分析，通过对中国技术溢出效应水平的定量估测，检验本章理论模型机制。第五部分总结全文。

◇ 第二节　文献综述和讨论

本章以内生视角分析中国二元经济结构转型，借助内生劳动力转移与技术溢出效应的组合作用解释中国资本回报率上升现象。具体而言，在理论上需以二元经济发展理论和新增长理论为基础，以劳动力转移及技术溢出效应为结合点，构建适用于解释中国经济发展乃至可以推广到一般发展中国家经济结构转型的模型。由此有必要对与本章理论分析相关的二元经济与新增长理论文献做简要回顾。

二元经济的概念最早由伯克（Boeck）在研究印度尼西亚时提出，他把该国社会经济划分为传统部门和现代化的由荷兰殖民者经营的资本主义部门；希金斯（Higgins）则从生产技术的二元主义的角度，用生产函数的不同反映传统部门和先进部门的区别，进一步刻画了发展中国家的二元经济结构特征。[1] Lewis 开创性地提出了二元经济发展模型，通过对剩余劳动力转移的分析将两部门的发展动态地联系起来，为解释发展中国家的经济发展过程奠定了基本分析框架。[2] Fei 和 Ranis 对刘易斯模型提出了改进，强调农业发展在二元经济发展过程中的地位和作用，并分析了两部门平衡增长问题。[3] Jorgenson 比较分析了二元经济理论在古典方法和新古典方法下的异同，拓宽了二元经济理论的研究视野。[4] 此后研究重点聚焦到劳动力跨部门转移的分析上。Harris 和 Todaro 提出了著名的"托达罗模型"，认为农业劳动力的转移决策取决于转移到城市的期望收入而不是实际收入。[5] Neary 在托达罗模型基础上，分析了资本在两部门

---

[1]　张培刚（主编）：《新发展经济学》，河南人民出版社 1999 年第二版。

[2]　Lewis, W. A., "Economic Development with Unlimited Supplies of Labour", *Manchester School*, Vol. 22, No. 2, 1954, pp. 139 – 191.

[3]　Fei, J. and G. Ranis, "A Theory of Economic Development", *American Economic Review*, Vol. 57, 1961, pp. 65 – 70.

[4]　Jorgenson, D. W., "Surplus Agricultural Labour and the Development of a Dual Economy", *Oxford Economic Papers*, Vol. 19, No. 3, 1967, pp. 288 – 312.

[5]　Harris, J. R. and M. P. Todar. "Migration, Unemployment and Development: A Two-Sector Analysis", *American Economic Review*, Vol. 60, No. 1, 1970, pp. 126 – 142.

间自由流动情况下的劳动力转移。[①] 还有一些学者将城市部门细分为正规部门与非正规部门，建立了更加精致的劳动力转移模型。[②]

中国经济是典型的二元经济，规模巨大的农业劳动力转移构成中国经济转型最重要的结构特征之一。计划经济时期城乡体制分割，一方面使中国农业部门储备了大量的剩余劳动力，另一方面也造成了此后劳动力流动的巨大转移成本。改革开放以来，随着非农部门的快速发展，对劳动力的需求迅速增大，农业劳动力以年均约800万的速度持续向非农部门转移。2014年，中国农民工规模已经超过2.7亿人，农业劳动力占比也由改革初期70%以上，降到30%左右。不仅如此，农业劳动力转移的深度也在不断加强，先后经历了向农村非农业转移、向小城镇和乡镇企业转移、最后到跨省区转移的渐变过程。[③] 因此，中国劳动力资源的配置效率，无论是在产业层面还是在空间层面，都在不断提高。研究表明，中国全要素生产率的提高[④]、制造业的快速发展和出口[⑤]、高储蓄率和高投资

---

①　Neary, J. P., "On the Harris-Todaro Model with Intersectoral Capital Mobility", *Economica*, *New Series*, Vol. 48 , No. 191, 1981, pp. 219 – 234.

②　Chandra, V., and M. Khan, "Foreign Investment in the Presence of an Informal Sector", *Economica*, Vol. 60, 1993, pp. 79 – 103. ; Gupta, M. R. "Foreign Capital and the Informal Sector: Comments on Chandra and Khan", *Economica*, Vol. 64, No. 254, 1997, pp. 353 – 363.

③　蔡昉：《中国劳动力市场发育与就业变化》，《经济研究》2007 年第 7 期。

④　胡永泰：《中国全要素生产率：来自农业部门劳动力再配置的首要作用》，《经济研究》1998 年第 3 期。

⑤　Young, A., "Gold into Base Metals: Productivity Growth in the People's Republic of China during the Reform Period", *Journal of Political Economy*, Vol. 111, 2003, pp. 1220 – 1261.

率，[①] 以及收入分配格局的变动等重要宏观经济层面特征现象，[②] 都和农业劳动力转移有重要关系。都阳等最新研究发现，由农村向城市的劳动力流动有利于扩大劳动力市场规模和提高城市经济的全要素生产率，尽管对资本产出比和工作时间有负面的影响，但劳动力流动带来的净收益非常可观。[③]

另外，现实经济中的农业劳动力并非毫无成本地在两部门间自由流动，而往往遇到各种阻碍，面临转移成本的问题。在拉美和其他地区曾普遍观察到的"半城市化"现象，在中国农业劳动力转移过程中也有明显体现，甚至在某些方面更加突出。[④] 农村流动人口的半城市化体现在社会生活、行动与认同以及体制层面，出现长期化趋向。[⑤] 这意味着现实中，中国农业劳动力转移会遇到各种障碍，包括移出、移入和流动障碍，面临转移成本的影响。Gupta 等人已经认识到转移成本的重要性，构建了引入转移成本的劳动力转移模型[⑥]。因此，在具体分析中国农业劳动力流动时，也应考虑到转移成本的存在，这样也才能解释中国农民工总量和工资相伴增长的转移模式。为此，本章

[①] 李杨、殷剑峰：《劳动力转移过程中的高储蓄、高投资和中国经济增长》，《经济研究》2005 年第 2 期。

[②] 李稻葵、刘霖林、王红领：《GDP 中劳动份额演变的 U 型规律》，《经济研究》2009 年第 1 期。

[③] 都阳、蔡昉、屈小博和程杰：《延续中国奇迹：从户籍制度改革中收获红利》，《经济研究》2014 年第 8 期。

[④] Jacoby, Erich H. , "The Coming Backlash of Semi-Urbanization", *Ceres* (*FAO Review*), 1970, 3 (6), 48 – 51.

[⑤] 王春光：《农村流动人口的"半城市化"问题研究》，《社会学研究》2006 年第 5 期。

[⑥] Gupta, M. R. "Foreign Capital and the Informal Sector: Comments on Chandra and Khan", *Economica*, Vol. 64, No. 254, 1997, pp. 353 – 363.

将引入异质性农业劳动力转移成本和微观转移决策机制实现这一点。

二元经济理论的提出和发展，为理解中国经济提供了基本的分析框架，但要分析具体的中国经济问题，还有一个重要问题需要解决。标准二元经济理论没有解释技术进步，也因此难以对中国资本回报率上升做出理想的解释。在刘易斯模型中，资本回报率在不变工资假设下可以维持不变，但不会上升。考虑到中国农民工工资不断上涨的实际情形，资本回报率应该是下降的。原因正在于刘易斯模型忽视了中国经济转型过程中内生实现了技术进步。目前已有研究将内生增长思想引入二元经济模型，特别是通过"干中学"模型，将农业部门或非农部门的技术进步内生化。[①] 本章也将吸收内生增长理论思想，通过着重分析技术溢出效应，解决技术进步内生化问题。

内生理论的产生和发展，主要是为了解决在新古典增长框架下经济的持续增长需要依赖外生假定技术进步的问题。基本思路是通过将技术进步内生化，在系统内决定经济的持续增长。根据技术进步产生机制的不同，可以将内生增长模型大致分为两类：一类是外部性模型或知识溢出模型，假定知识积累或技术进步是投资或生产等经济活动的"副产品"[②]。另一类则是研发模型或创新模型，将技

---

① 陈宗胜、黎德福：《内生农业技术进步的二元经济增长模型——对"东亚奇迹"与中国经济的再解释》，《经济研究》2004 年第 11 期；郭涛、宋德勇：《农村劳动力转移的二元经济内生增长模型》，《南方经济》2006 年第 8 期。

② Arrow, Kenneth J. , "The Economic Implications of Learning by Doing", *The Review of Economic Studies*, Vol. 29, No. 3, 1962, pp. 155 – 173; Romer, Paul M. , "Increasing Returns and Long-Run Growth", *Journal of Political Economy*, Vol. 94, No. 5, 1986, pp. 1002 – 1037; Barro, Robert J. and X. Sala-I-Martin, *Economic Growth*, Cambridge: Massachusetts Institute of Technology, 2nd edition, 2004.

术进步视为企业有意识的进行原创性研究开发的结果。[1]

林毅夫和张鹏飞指出，在不同的发展阶段，技术进步的来源不同：最发达国家整体已处于产业技术前沿，原创型技术创新只能来自新的技术发明，因而更多需要投入资金和人力去研发新技术；发展中国家则可以通过从比较发达国家引进新技术进行技术创新，这种非原创性研发的成本低、风险小而收益大，符合发展中国家的比较优势。[2] 徐建国认为，对于发展中国家而言，投资本身是技术进步最重要的方式，因为后发国家新增投资中包含了当时先进的技术，并且在使用新资本品过程中可以促进人力资本积累和技术进步。[3] 可见，发展中国家的技术进步存在与发达国家相区别的特征。相比之下，研发模型更适合解释发达国家的技术进步，溢出模型更适合解释发展中国家的技术进步。

在溢出模型中，与中国改革开放以来企业技术进步特征最为接近的应属 Romer、Barro 和 Sala-I-Martin 的知识溢出模型[4]。该模型吸收了 Arrow 的"干中学"思想，认为企业在投资和生产的过程中学习知识和积累经验，进而实现技术进步。同时考虑到知识具有溢出效应，一个企业的技术进步会很快扩散到整个社会。这一思想可以

---

① Romer, Paul M., "Endogenous technological change", *Journal of Political Economy*, Vol. 98, No. 5, 1990, pp. 71 – 102; Aghion, P. and P. Howitt, "A Model of Growth through Creative Destruction", *Econometrica*, Vol. 60, 1992, pp. 323 – 351.

② 林毅夫、张鹏飞:《后发优势、技术引进和落后国家的经济增长》,《经济学（季刊）》2005 年第 5 卷第 1 期。

③ 徐建国:《资本积累与技术进步》,北京大学中国经济研究中心工作论文, No. C2013001, 2013 年。

④ Romer, Paul M., "Increasing Returns and Long-Run Growth", *Journal of Political Economy*, Vol. 94, No. 5, 1986, pp. 1002 – 1037. Barro, Robert J. and X. Sala-I-Martin, *Economic Growth*, Cambridge: Massachusetts Institute of Technology, 2nd edition, 2004.

追溯到斯密在《国富论》中关于机器改良的讨论。[1] 知识溢出模型之所以比较符合中国技术进步的特征，原因在于该模型强调投资生产和技术进步的关系。中国长期保持如此高的投资率，资本回报率却能不降反升，是投资和技术进步之间具有互动关系的结果。中国经济增长与宏观稳定课题组指出，中国的技术进步与生产性投资保持着稳定的比例关系。[2] 许多学者研究发现，中国经济发展存在"干中学"或"投资中学"式的内生增长，"干中学"对中国全要素生产率提高和经济增长有重要贡献。[3]

综合以上讨论，可以把中国经济的发展看作存在内生增长机制的二元经济发展。要解释中国资本回报率的不断上升及经济的持续增长，需将二元经济理论和内生增长理论有机结合起来，构建扩展的二元经济模型。

◇◇ 第三节　理论模型

本部分在二元经济基本框架下引入有摩擦的异质性农业劳动力

---

① Arrow, Kenneth J., "The Economic Implications of Learning by Doing", *The Review of Economic Studies*, Vol. 29, No. 3, 1962, pp. 155 – 173.

② 中国经济增长与宏观稳定课题组：《干中学、低成本竞争和增长路径转变》，《经济研究》2006 年第 4 期。

③ 李杨、殷剑峰：《劳动力转移过程中的高储蓄、高投资和中国经济增长》，《经济研究》2005 年第 2 期；Blanchard, O., and F. Giavazzi, "Rebalancing Growth in China: A Three-Handed Approach", *China & World Economy*, Vol. 14, No. 4, 2006, pp. 1 – 20；张延：《干中学模型对我国经济增长路径的检验》，《财政研究》2009 年第 6 期。

转移和内生技术进步，构建适用于中国经济发展特征的扩展的二元经济模型，从而为中国资本回报率持续上升提供理论解释框架。本节将表明，尽管中国并不满足刘易斯模型和新增长理论解释资本回报率不变（或上升）分别隐含的不变工资假设和技术溢出效应单位弹性假设条件，但劳动力转移和技术溢出的组合效应仍然可以保证中国资本回报率持续上升。

一　模型设定

设经济体由两部门组成：农业部门（以下标 a 表示）和非农部门（以下标 b 表示）。两部门初始劳动人口分别为 N_a 和 N_b，总劳动人口 $N = N_a + N_b$。为简化分析，暂不考虑人口增长。

设非农部门代表性企业 i 生产函数形式为：$Y_{it} = K_{it}^\alpha (A_{it} L_{it})^{1-\alpha}$；其中，$K_{it}$ 和 L_{it} 分别表示企业 i 所使用的资本和劳动，A_{it} 为企业 i 的技术水平，α 为资本产出弹性，下标 t 代指时期。企业在投资的过程中实现技术进步，因而企业技术水平 A_{it} 和资本存量 K_{it} 正相关，同时因为存在溢出效应，一个企业的技术水平 A_{it} 与社会总资本存量 K_t 正相关[1]。本章采用比 Romer 等人更一般性的设定，设 $A_{it} = K_t^\sigma$，

---

① Arrow, Kenneth J., "The Economic Implications of Learning by Doing", *The Review of Economic Studies*, Vol. 29, No. 3, 1962, pp. 155 – 173; Romer, Paul M., "Increasing Returns and Long-Run Growth", *Journal of Political Economy*, Vol. 94, No. 5, 1986, pp. 1002 – 1037; Barro, Robert J., and X. Sala-I-Martin, *Economic Growth*. Cambridge：Massachusetts Institute of Technology, 2nd edition, 2004; 徐建国：《资本积累与技术进步》，北京大学中国经济研究中心工作论文，No. C2013001, 2013 年。

$\sigma \geq 0$ 为投资的技术溢出效应弹性[1]。因此，非农部门企业的生产函数形式化为：

$$Y_{it} = K_{it}^{\alpha} (K_t^{\sigma} L_{it})^{1-\alpha} \qquad (1)$$

在该设定下，企业保留了规模报酬不变的特性，但整个社会因为存在学习效应和溢出效应而规模报酬递增。这一生产函数形式设定也与姚洋一致[2]。非农部门总就业量，总资本存量。

非农部门总就业量 $L_{bt} = \sum_i L_{it}$ ，总资本存量 $K_t = \sum_i K_{it}$ 。

给定资本回报率 r_t 、工资率 w_t 和社会总资本存量 K_t ，企业选择最优的资本量 K_{it} 和劳动投入 L_{it} 以实现利润最大化：

$$\max \pi_{it} = K_{it}^{\alpha} (K_t^{\sigma} L_{it})^{1-\alpha} - r_t K_{it} - w_t L_{it}$$

一阶条件：

$$r_t = \alpha K_t^{\sigma(1-\alpha)} K_{it}^{\alpha-1} L_{it}^{1-\alpha} \qquad (2)$$

$$w_t = (1-\alpha) K_t^{\sigma(1-\alpha)} K_{it}^{\alpha} L_{it}^{-\alpha} \qquad (3)$$

均衡时，所有厂商的最优决策相同，即选择相同数量的资本 K_{it} 和劳动 L_{it} ，于是，

$$r_t = \alpha K_t^{\sigma(1-\alpha)} \left(\frac{L_{it}}{K_{it}}\right)^{1-\alpha} = \alpha K_t^{\sigma(1-\alpha)} \left(\frac{L_{bt}}{K_t}\right)^{1-\alpha} \qquad (4)$$

$$w_t = (1-\alpha) K_t^{\sigma(1-\alpha)} \left(\frac{K_{it}}{L_{it}}\right)^{\alpha} = (1-\alpha) K_t^{\sigma(1-\alpha)} \left(\frac{K_t}{L_{bt}}\right)^{\alpha} \qquad (5)$$

设农业部门生产函数形式为： $Y_{at} = R_{at}^{\gamma} (A_{at} L_{at})^{1-\gamma}$ ，其中，A_{at} 为

---

① Romer, Paul M., "Increasing Returns and Long-Run Growth", *Journal of Political Economy*, Vol. 94, No. 5, 1986, pp. 1002 – 1037.

② 姚洋：《高水平陷阱——李约瑟之谜再考察》，《经济研究》2003 年第 1 期。

农业技术水平，R_{at} 为农业土地，L_{at} 为农业劳动力，$1-\gamma$ 为劳动产出弹性。同理，假设农业技术水平也与社会总资本存量正相关，即设 $A_{at} = A_a K_t^{\sigma}$，其中，$A_a > 0$ 表示农业部门对非农部门技术的吸收转化程度。由于农业土地基本不变，单位化为 1。则农业生产函数形式化为：

$$Y_{at} = (A_a K_t^{\sigma} L_{at})^{1-\gamma} \qquad (6)$$

下面考虑劳动力跨部门转移。如果没有转移成本，劳动力在两部门间自由流动，则劳动市场均衡条件为两部门边际劳动生产率相等，即 $MPL_{at} = MPL_{bt}$。但现实中，如前文所述，农民转移到城市工作面临各种阻碍因素和隐性成本。因此，即使非农部门工资水平高于农业部门，劳动力转移仍会进行得不充分。本章将这种导致农业劳动力转移不充分的各种阻碍因素总结为转移成本的存在。实证分析发现，中国农业部门边际劳动生产率一直远低于非农部门，即 $MPL_{at} < MPL_{bt}$，说明转移成本的存在使得两部门边际产出尚未相等时，劳动力转移已经达到均衡[1]。同时注意到，劳动力在转移上也存在异质性，不同的劳动力由于自身特质的不同，转移成本会有所不同。[2]

假设农民 i_θ 的转移成本为 θ，农民总体按照转移成本的大小排

---

[1] 张平、郭熙保：《中国经济增长中的结构转变效应——基于边际劳动生产率方法的测算》，《山西财经大学学报》2011 年第 4 期。

[2] 熊健、腾洋洋：《农村异质性劳动力转移对城乡收入差距的影响机制与检验——基于刘易斯二元经济理论的推理和实证分析》，《中国人口科学》2010 年第 1 期；Gennaioli, N., La Porta, R., Lopez-de-Silanes, F. and Shleifer, A., "Human capital and regional development", *The Quarterly Journal of Economics*, Vol. 128, No. 1, 2013, pp. 105 – 164。

列后，会形成一定的分布，设分布函数为 $\theta \sim G(\theta) = P(x \mid x \leqslant \theta)$。农民 i_θ 选择转移到非农部门就业的条件是，他在非农部门就业的工资 w_t 高于他的转移成本 θ，即 $w_t \geqslant \theta$。给定非农部门工资 w_t，转移成本小于非农部门工资 w_t 的农民都将转移，而转移成本大于非农部门工资 w_t 的农民则不转移，除非有更高的工资水平。所以，农民转移的比例 $m_t = P(\theta \mid \theta \leqslant w_t) = G(w_t)$。宏观均衡条件 $MPL_{at} = MPL_{bt}$ 由于转移成本的存在和中国 $MPL_{at} < MPL_{bt}$ 的事实，实际上不起限制作用。

为简化分析，设 θ 服从 $[u_1, u_2]$ 上的均匀分布。则给定非农部门工资 w_t，农业劳动力转移比例：

$$m_t = \frac{w_t - u_1}{u_2 - u_1} \qquad (7)$$

非农部门就业供给：

$$L_{bt} = N_b + m_t N_a \qquad (8)$$

结合式（7）、式（8），得：

$$L_{bt} = N_b + \frac{w_t - u_1}{u_2 - u_1} N_a \qquad (9)$$

可见，由于异质性转移成本的存在，非农部门劳动力供给与工资水平正相关，并不因农业部门有剩余劳动力而面临无限的劳动力供给。

二 均衡分析

（一）劳动市场均衡

结合非农部门劳动市场需求和供给曲线，即式（5）和式（9），当劳动需求等于劳动供给时，劳动市场达到均衡，得均衡条件：

$$L_{bt} = N_b - \frac{N_a u_1}{u_2 - u_1} + \frac{N_a}{u_2 - u_1}(1-\alpha) K_t^{\sigma(1-\alpha)} \left(\frac{K_t}{L_{bt}}\right)^\alpha \qquad (10)$$

对方程（10）求解，可得均衡时非农就业量 L_{bt}，进而得工资 w_t，两者都是资本存量 K_t 的函数，即 $L_{bt} = L_b(K_t)$，$w_t = w(K_t)$。

（二）农民工总量和工资相伴增长模式

下面通过具体求解，分析中国农民工总量和工资相伴增长的转移模式。为简化分析，假设转移的初始状态也是均衡的，即 $\frac{N_b}{N_a} = \frac{u_1}{u_2 - u_1}$，则 $N_b - \frac{N_a u_1}{u_2 - u_1} = 0$，于是，式（10）转化为：

$$L_{bt} = \frac{N_a}{u_2 - u_1}(1-\alpha) K_t^{\sigma(1-\alpha)} \left(\frac{K_t}{L_{bt}}\right)^\alpha \qquad (11)$$

求解式（11），得 L_{bt} 的显示解：$L_{bt} = \left[\frac{N_a}{u_2 - u_1}(1-\alpha)\right]^{\frac{1}{1+\alpha}} K_t^{\frac{\sigma(1-\alpha)+\alpha}{1+\alpha}}$，

令常数 $B = \left[\frac{N_a}{u_2 - u_1}(1-\alpha)\right]^{\frac{1}{1+\alpha}}$，得：

$$L_{bt} = B K_t^{\frac{\sigma(1-\alpha)+\alpha}{1+\alpha}} \qquad (12)$$

进而，得非农部门工资 w_t：

$$w_t = \frac{u_2 - u_1}{N_a} L_b(K_t) = (1-\alpha) B^{-\alpha} K_t^{\frac{\sigma(1-\alpha)+\alpha}{1+\alpha}} \qquad (13)$$

由式（12）和式（13）可知，在本模型下，均衡的非农就业量 L_{bt} 和工资 w_t 都是资本存量 K_t 的增函数。随着资本积累，非农部门工资不断提高，吸引农业劳动力不断转移，非农就业不断增长。

Lewis 的不变工资假设之所以在中国失效，原因在于异质性转移成本的存在，使得非农部门没有因农业部门有大量剩余劳动力而面临无限的劳动力供给①。因此，中国的农业劳动力转移表现为农民工总量和工资相伴增长的模式。Lewis 本人回顾二元经济模型时指出，不变工资假设在多数发展中国家都不成立是同时期最大的理论谜题，本章的分析或许有助于揭开这个谜题。②

（三）资本回报率变动趋势分析

下面从理论上解释中国资本回报率近年来不断上升的现象。在本模型中，资本回报率 r_t 的变化，受到三方面因素影响：（1）随着资本 K_t 积累，边际产出递减规律使资本回报率趋于下降；（2）随着资本 K_t 积累，劳动边际产出上升，吸引农业劳动力向非农部门转移，从而使资本边际产出增加，资本回报率趋于上升；（3）随着资本 K_t 积累，新增投资通过技术溢出效应，促进技术进步，提高资本边际产出，资本回报率趋于上升。因此，资本回报率的最终变化方向取决于三方面因素的共同作用。对此可通过数学推导加以说明。

将式（12）代入式（4），整理得：

$$r_t = \alpha B^{1-\alpha} K_t^{\frac{2(1-\alpha)(\sigma-\frac{1}{2})}{1+\alpha}} \tag{14}$$

---

① Lewis, W. A., "Economic Development with Unlimited Supplies of Labour", *Manchester School*, Vol. 22, No. 2, 1954, pp. 139 – 191.

② Lewis, W. A., "The Dual Economy Revisited", *Manchester School*, Vol. 47, 1979, pp. 211 – 229.

根据式（14），当 $\sigma < \dfrac{1}{2}$ 时，资本回报率 r_t 是资本存量 K_t 的减函数；当 $\sigma = \dfrac{1}{2}$ 时，资本回报率 r_t 是常数；当 $\sigma > \dfrac{1}{2}$ 时，资本回报率 r_t 是资本存量 K_t 的增函数。可见，随着资本的积累，中国资本回报率的变动趋势取决于技术溢出效应参数 σ 是否达到临界值 $\dfrac{1}{2}$。只要满足 $\sigma \geqslant \dfrac{1}{2}$，资本回报率就可以维持不变甚至上升。

作为比较，在 Romer 及 Barro 和 Sala-I-Martin 模型中，保持资本边际产出不下降所要求的条件为：$\sigma \geqslant 1$ [1]。这是因为在没有劳动力转移时，资本回报率的表达式变为：$r_t = \alpha K_t^{\sigma(1-\alpha)} \left(\dfrac{N_b}{K_t} \right)^{1-\alpha} = \alpha N_b^{1-\alpha} K_t^{(\sigma-1)(1-\alpha)}$，所以只有在 $\sigma \geqslant 1$ 时，才能保证资本回报率随资本积累而递增。本章将此称为资本回报率递增的"强条件"。在本章扩展的二元经济模型中，因为有农业劳动力转移，只要满足 $\sigma \geqslant \dfrac{1}{2}$，资本回报率便在资本积累条件下稳定或递增。可见农业劳动力转移因素降低了资本回报率递增的实现门槛。本章将此条件称为资本回报率递增的"弱条件"。特别地，当 $\dfrac{1}{2} < \sigma < 1$ 即技术溢出效应强度满足弱条件而不满足强条件时，在发生持续劳动力转移的经济体，资本回报率将随资本积累而递增，而没有劳动力转移的经济体，资

① Romer, Paul M. , "Increasing Returns and Long-Run Growth", *Journal of Political Economy*, Vol. 94, No. 5, 1986, pp. 1002 – 1037; Barro, Robert J. and X. Sala-I-Martin, *Economic Growth*, Cambridge: Massachusetts Institute of Technology, 2nd edition, 2004.

本回报率将随着资本积累而递减。

上述模型讨论显示，在存在持续大规模农业劳动力转移的背景下，中国资本回报率能否不断上升取决于技术溢出效应参数 σ 是否满足弱条件：$\sigma \geq \dfrac{1}{2}$。这个理论推导结果提供了实证分析的基本检验命题：如果中国的技术溢出效应参数满足条件 $\sigma \geq \dfrac{1}{2}$，则说明本章模型对中国资本回报率上升的解释是可以接受的；否则说明本章理论缺乏现实解释力。下一节将通过对中国技术溢出效应参数 σ 的实际估测解决这一问题。

◇◇ 第四节　实证分析

上节通过理论推导表明，随着资本积累，中国资本回报率能否保持不降反升，取决于技术溢出效应强度是否满足弱条件：$\sigma \geq \dfrac{1}{2}$。本节利用中国大陆 31 个省区市 1978—2010 年工业部门面板数据，对中国技术溢出效应参数 σ 进行估计，以检验本章理论模型机制。

一　技术溢出效应的一般测度

继 Arrow 和 Romer 等人对学习效应及溢出效应进行了理论上的

探讨之后，一些学者开始从实证上测算技术溢出效应的大小[①]。Li
等利用 Penn World Table 6.3 数据和最新方法测算了知识外溢程度，
本章中的技术溢出效应参数 σ 即对应他们模型中定义的知识加强弹
性 v 值[②]。根据他们的测算，技术溢出效应的确存在，全样本基于总
资本存量和人均资本存量方法估算的 σ 值分别为 0.552 和 0.778。
溢出效应强度虽然小于 1，不满足强条件，但满足了 $\sigma > \dfrac{1}{2}$ 的弱条
件。因而，在本章模型框架下，中国资本回报率是资本存量的增函
数，随资本积累而不断上升。

二 中国的技术溢出效应与资本回报率上升

Li 等对技术溢出效应参数的估算反映了世界平均水平。为专门
估算中国的技术溢出效应强度，本节利用中国大陆 31 个省区市
1978—2010 年工业部门面板数据，并借鉴 Li 等的总资本存量法，
估算了中国的溢出效应参数 σ。

回归方程如下：

$$\ln y_{it} = \pi_{0i} + \pi_1 \ln k_{it} + \pi_2 \ln K_t + \varepsilon_{it} \qquad (15)$$

---

① Arrow, Kenneth J., "The Economic Implications of Learning by Doing", *The Review of Economic Studies*, Vol. 29, No. 3, 1962, pp. 155 – 173; Romer, Paul M., "Increasing Returns and Long-Run Growth", *Journal of Political Economy*, Vol. 94, No. 5, 1986, pp. 1002 – 1037.

② Li, J., K. Shen and R. Zhang, "Measuring Knowledge Spillovers: A Non-appropriable Returns Perspective", Annals of Economics and Finance, Vol. 12, No. 2, 2011, pp. 265 – 293.

其中，y_{it} 为第 i 省 t 年的劳均产出 $\dfrac{Y_{it}}{L_{it}}$，用各省份工业 GDP 除以工业企业劳动力得到；k_{it} 为第 i 省 t 年的劳均资本 $\dfrac{K_{it}}{L_{it}}$，用各省份规模以上工业企业固定资产净值除以工业企业劳动力得到；K_t 为第 t 年全国工业企业总资本，用所有省份规模以上工业企业固定资产净值加总得到。数据来自各省区《统计年鉴》《中国统计年鉴》和《中国工业交通能源 50 年统计资料汇编》。

其中，方程（15）可根据方程（1）推导而得，即由 $Y_{it} = K_{it}^{\alpha}$ $(K_t^{\sigma} L_{it})^{1-\alpha}$ 整理可得：

$$\ln\left(\frac{Y_{it}}{L_{it}}\right) = \alpha\ln\left(\frac{K_{it}}{L_{it}}\right) + \sigma(1-\alpha)\ln K_t \qquad (16)$$

可见，模型参数与回归方程系数的对应关系为：$\alpha = \pi_1$，$\sigma(1-\alpha) = \pi_2$。估出参数 π_1 和 π_2 后，利用公式 $\sigma = \dfrac{\pi_2}{1-\pi_1}$ 构建 Wald 统计量对参数 σ 进行统计推断。

为保证估计结果的稳健性，表 3—1 分别报告了简单最小二乘回归（1）、控制时间效应的最小二乘回归（2）、固定效应面板回归（3）和动态面板回归［系统 GMM，（4）］的估计结果。表 3—1 的估计结果显示，中国经济增长存在技术溢出效应，且满足弱条件。四种估计方法的回归结果基本一致，表明模型设定良好，回归结果具有稳健性。四种回归方法对 $\ln k_{it}$ 的估计系数即对 α 的估计值分别为 0.503、0.475、0.510 和 0.464，均在 0.5 左右，与 Young 及白重恩和钱震杰对中国工业部门资本份额的估计一致。[1] 四种回归对 $ln\,K_t$ 的系数估计值分别为 0.458、0.451、0.430 和 0.355，均在 0.4 左右。四种回归对 σ 的统计推断值分别为 0.922、0.860、0.877 和 0.633，均处于 0.5—1 的区间，都满足支持中国资本回报率上升的弱条件。其中，以最小二乘法（1）的估计值 0.922 最大，高于 Li et al. 对于世界平均的溢出效应参数的估计[2]。不过，正如 Li et al. 所指出的，宏观变量回归常存在非平稳性和内生性问题，最小二乘估计量很可能是有偏的。相比之下，系统 GMM 方法通过引入内生变量的水平和差分滞后项作为工具变量，可以在很大程度上克服宏观变量的内生性问题和弱工具变量问题，因而估计结果更为可靠。[3] 表 3—1 中，系统 GMM 回归通过了 Arellano-Bond 检验和 Hansen 过度识别检验，说明模型设定良好，对 σ 的推断值为 0.663，与 Li 等对世界平均水平的估计较为接近（介于其估计的 0.552 和 0.778 之间）[4]。因此，

---

[1] Young, A. , "Gold into Base Metals: Productivity Growth in the People's Republic of China during the Reform Period", *Journal of Political Economy*, Vol. 111, 2003, pp. 1220 – 1261；白重恩、钱震杰：《国民收入的要素分配：统计数据背后的故事》，《经济研究》2009 年第 3 期。

[2] Li, J. , K. Shen and R. Zhang, "Measuring Knowledge Spillovers: A Non-appropriable Returns Perspective", *Annals of Economics and Finance*, Vol. 12, No. 2, 2011, pp. 265 – 293.

[3] Blundell, R. W. and S. R. Bond, "Initial Conditions and Moment Restrictions in Dynamic Panel Data Models", *Journal of Econometrics*, Vol. 87, 1998, pp. 115 – 143. Blundell, R. W. , and S. R. Bond, "GMM Estimation with Persistent Panel Data: an Application to Production Functions", *Econometric reviews*, Vol. 19, No. 3, 2000, pp. 321 – 340.

[4] Li, J. , K. Shen, and R. Zhang, "Measuring Knowledge Spillovers: A Non-appropriable Returns Perspective", *Annals of Economics and Finance*, Vol. 12, No. 2, 2011, pp. 265 – 293.

对中国技术溢出效应参数 σ 的合理估计值应为 0.663。

表 3—1　　　　　　　　　　中国技术溢出效应参数估计 ①

被解释变量	最小二乘法（1）	最小二乘法（2）	固定效应（3）	系统 GMM（4）
	0.503 ***	0.475 ***	0.510 ***	0.464 ***
	(0.023)	(0.023)	(0.085)	(0.091)
	0.458 ***	0.451 ***	0.430 ***	0.355 ***
	(0.020)	(0.028)	(0.054)	(0.096)
σ 推断值	0.922 ***	0.860 ***	0.877 ***	0.663 ***
	(0.017)	(0.043)	(0.051)	(0.099)
个体效应	No	No	Yes	Yes
年份效应	No	Yes	Yes	Yes
R^2	0.938	0.943	0.985	0.271 0.183 1.000
观测值	974	974	974	974

说明：对 σ 的统计推断是基于 Wald 检验，原假设为 $H_0: \sigma = 0$。括号内为稳健的标准误。*** 代表在 1% 的显著性水平下显著。系统 GMM 估计中，R^2 处报告的依次是其 A-Bond 一阶、二阶检验和 Hansen 检验的 p 值。

可见，中国经济成长满足 $\sigma > \dfrac{1}{2}$ 这个资本回报率随资本积累而上升的弱条件，是中国在高速投资的同时，资本回报率持续上升的

---

① 一些文献考虑到西藏具有经济特殊性，在采用省区面板数据进行回归分析时将其剔除，本节做了剔除西藏样本的稳健性检验。考虑到北京和上海也有较大经济特殊性，本节还做了同时剔除西藏、北京和上海的稳健性检验。采用两种剔除方法的估计结果均显示，剔除个别特异省区样本对表 3—1 估计结果没有显著影响（限于篇幅，这里没有报告具体结果，感兴趣的读者请联系作者索取）。

谜底所在。但是中国并未满足 $\sigma > 1$ 这个资本回报率递增的强条件，因而资本回报率的上升离不开与农业劳动力转移的结合。目前中国能够保证资本回报率上升，一方面得益于技术溢出效应，另一方面则因为劳动力转移降低了保证资本回报率上升的门槛条件。所以，劳动力转移与技术溢出因素的组合效应，是解释中国特定时期高投资率与回报率上升并存现象的关键条件。

◇◇ 第五节　中国资本回报率的近期表现

2008 年全球金融危机以来，中国资本回报率波动性增大，甚至在短期表现出下降的趋势（见图1—3）。张勋和徐建国通过核算显示，总体资本回报率从1998年开始持续上升，到2009年出现下降，但是工业资本回报率依然呈现上升态势，2012年工业固定资产回报率达到27.8%。[1] 如何理解中国资本回报率的近期表现？又该如何看待本书理论机制在这一过程中的作用？

本书认为，中国资本回报率的近期表现更多的是反映了周期性因素和过度刺激的投资政策的后续影响。受2008年年底全球金融危机的影响，中国企业特别是出口企业的盈利水平短期内受到一定程度的影响，资本回报率承受下降的压力。更深层的原因在于，为了应对全球金融危机，中国在2008年年底至2010年年底，推出了一

---

[1]　张勋、徐建国：《中国资本回报率的再测算》，《世界经济》2014 年第 8 期。

揽子投资刺激计划，即"四万亿计划"，这是中国资本回报率近几年总体趋于下行的主要原因。一方面，大规模刺激性投资计划降低了投资的效率，许多投资流入了产能过剩行业，甚至没有形成生产性资本，直接导致资本回报率下降。另一方面，刺激性投资也降低了技术溢出效应，进而降低了资本回报率。在大规模刺激性投资中，很难期望"干中学"效应或嵌入式技术进步。因此，中国资本回报率近期的下降其实反映了投资与资本回报的一般规律，不仅没有意味着本书模型机制的失效，反而反向验证了本书机制的有效性。中国资本回报率的近期表现也充分说明，投资刺激计划只能是短期手段，从中长期来看，依赖投资计划强行刺激经济增长的措施不仅行不通，还会导致资本回报率的后续下降，影响投资激励。

中国资本回报率的近期下降虽然更多的是反映了短期因素，并不必然表明中国经济已经进入资本回报率下降的过程，但是从长期来看，中国经济则终将走到这一阶段。中国近二十年的资本回报率上升及经济持续高速增长，一方面得益于投资生产过程中的技术溢出效应，另一方面也因为农业劳动力转移的支撑作用。未来农业劳动力转移终将结束，而技术溢出效应也随着中国逐渐接近技术前沿逐渐丧失后发优势。届时，中国资本回报率将逐渐下降，投资率和经济增长也将逐渐降低。在这方面，日本的例子或许给中国提供了一种可能的前景。图3—3展示了日本1955—2009年间制造业税前利润率，可以反映日本资本回报率的长期走势。从图中可以看出，日本在20世纪50—70年代也经历了一段长达20年左右的资本回报率不断上升的时期，这和我国目前资本回报率不断上升的情形非常相似（除了日本资本回报率的波动性更大）。这段时期正是日本加速农业剩余劳动力转移的阶段，从1955—1975年，日本的农业劳动力占比从40.2%下降到13.9%，年均下降1.3个百分点，和我国目前的情况也非常相似。日本进入20世纪80年代后，农业劳动力占比逐渐稳定，农业劳动力转移接近停止，日本资本回报率也开始不断下降，回归到边际收益递减的新古典经济增长框架。鉴于日本在各方面与中国经济的相似性，日本资本回报率的长期走势为中国经济预示了一种很有可能的前景。当然，中国应该采取一系列措施尽力推迟这一阶段的到来，如都阳等呼吁从户籍制度改革中收获红利，

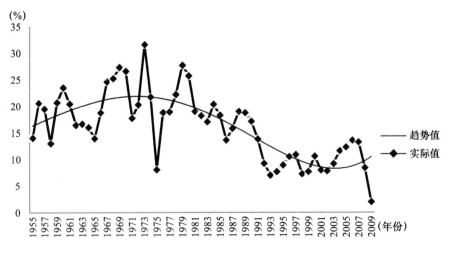

图 3—3　日本制造业税前利润率（1955—2009 年）

说明：日本制造业税前利润率由 Current profits/Equity 计算，Current profits，Equity 来自 Ministery of Finance-Financial Statements Statistics of Corporations by Industries，Quarterly；原数据为季度数据，年度利润率由各年份四季度 current profits 总和/第四季度 Equity 计算。

进一步促进农业劳动力转移，避免中国"未富先老"或陷入"中等收入陷阱"[①]。

◇◇ 第六节　结论

近年来，中国在保持着很高投资率的同时，资本回报率不仅没有下降，反而呈现不断上升的趋势，这个与资本边际报酬递减规律不一致的现象在现有理论框架下难以得到较好的解释。本章以内生视角重新审视中国经济结构转型，在突出农业劳动力转移和技术溢出效应基础上，构建扩展的二元经济模型来解释中国近年来高投资率与回报率上升并存现象。本章研究表明，劳动力转移与技术溢出因素的组合效应是解释上述特殊现象的关键条件。

本章所构建的扩展模型，放松了知识溢出模型在分析资本回报率上升条件时对技术溢出效应所作的单位弹性假设，在理论上区分了处于不同发展阶段的经济体维持资本回报率不变或上升所要求的"强条件"（$\sigma \geqslant 1$）和"弱条件"（$\sigma \geqslant 1/2$）。劳动力转移通过促进投资和生产，对技术水平具有动态促进作用，使维持资本回报率上升的要求由强条件降为弱条件。实证分析中国1978—2010年分省区面板数据提供的经验证据显示，中国经济成长存在满足弱条件的技术溢出效应，并与大规模农业劳动力持续转移相结合支撑资本

---

① 都阳、蔡昉、屈小博和程杰：《延续中国奇迹：从户籍制度改革中收获红利》，《经济研究》2014 年第 8 期。

回报率提升。

本章研究结果对理解中国经济发展阶段特点及未来演变趋势具有借鉴意义。中国近年来资本回报率上升及经济持续高速增长，一方面得益于投资生产过程中的技术溢出效应，另一方面也因为农业劳动力转移的支撑作用。中国目前农业劳动力占比仍在30%以上，与发达国家通常在10%以下稳态水平相比，还有接近劳动力总量四分之一的农业劳动力将在未来20年前后逐步转移到非农部门。然而，近年农民工调查监测报告显示，中国农业劳动力转移已出现放缓势头。根据本章研究，中国技术溢出效应只满足弱条件，单独不足以支撑资本回报率的上升或维持。随着劳动力转移高潮逐渐过去，中国需要创造出新增长机制以保证整体资本回报率维持在较高水平。因此，在政策上还有很大的调整空间。目前仍应积极实施促进农业劳动力转移政策，充分发挥劳动力转移与技术溢出效应提升资本回报率的组合效应，延续经济高速增长时期。同时应制定实施促进技术创新的政策，提高技术溢出效应水平，为未来满足资本回报率强条件做好准备。

第 四 章

农业劳动力转移与中国家户
储蓄率上升之谜

◇◇ 第一节 引言

自改革开放以来，中国国民储蓄率一直稳中有升，近年来上升
速度加快，从 2000 年的 37.6% 上涨到 2010 年的 52.6%，近年小幅
回落到 2014 年的 49.5%（见图 1—4）。一方面，低消费—高储蓄
的内部结构失衡开始呈现；另一方面，储蓄—投资差额也在扩大，
造成了外部失衡[①]。Greenspan 认为发展中国家高企的储蓄率导致了
长期的低利率，是过去 20 年来房价泡沫及全球性金融危机的根
源[②]。因此，解释中国国民储蓄率高涨的原因，并由此得到缓解结
构失衡的思路就显得尤为重要。

---

① 樊纲、吕焱：《经济发展阶段与国民储蓄率提高：刘易斯模型的扩展与应用》，
《经济研究》2013 年第 3 期。

② Greenspan, A. , "The Fed didn't Cause the Housing Bubble", *The Wall Street Journal*, Vol. 11, 2009, A15.

要了解国民储蓄高涨的根源，首先需要对国民储蓄结构进行分解。国民储蓄按照部门可以分为居民储蓄、企业储蓄和政府储蓄，图4—1表明了自2000年以来三部门储蓄占国民储蓄的比重。2009年，三部门储蓄分别占国民储蓄的48.3%、41.9%和9.8%。显然，居民部门和企业部门为国民储蓄的主体。而近年来，居民部门的储蓄率（家户储蓄率）和企业储蓄率均呈上升态势，共同驱动了总体国民储蓄率。因此，对家户储蓄和企业储蓄的探讨有助于理解国民储蓄率。樊纲和吕焱解释了企业储蓄率近年来不断上涨的原因。[①]该文认为，中国仍处在刘易斯拐点前的二元经济状态，过剩劳动力

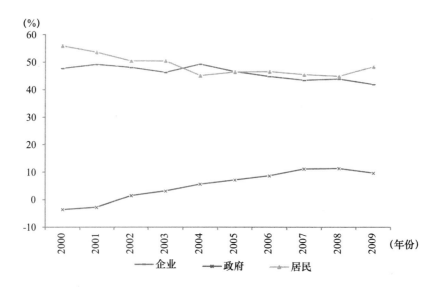

图4—1　三部门储蓄各占国民储蓄的比重（2000—2009年）

数据来源：《中国统计年鉴》2001—2010年资金流量表。

---

① 樊纲、吕焱：《经济发展阶段与国民储蓄率提高：刘易斯模型的扩展与应用》，《经济研究》2013年第3期。

的存在使得劳动力与资本的博弈中，劳动力处在弱势地位，工资上升缓慢；伴随经济体制改革和市场开放，企业生产效率得到很大幅度的提高，但是这部分价值更多的被资本占有。随着资本规模的扩大，利润会以更高的速率积累，最终形成大规模的企业储蓄。

中国的家户储蓄率也一直保持上升态势，从 2000 年的 31.1% 上升到 2009 年的 40.4%（图4—2）。尽管居民部门的储蓄占比近年来有所下降，但其份额仍旧很大，并且在"提高居民可支配收入"的政策导向下，其份额仍旧会上升，对未来国民储蓄率的走势也有很大的决定作用。此外，根据 Blanchard 和 Giavazzi 的国际比较研究，中国企业储蓄率和政府储蓄率在跨国比较中并非异常，中国

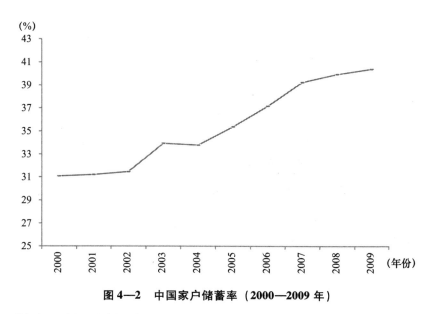

图4—2 中国家户储蓄率（2000—2009 年）

数据来源：《中国统计年鉴》2001—2010 年资金流量表。

的高储蓄率仍与较高的家户储蓄率密切相关。[①] 基于此，本章重点考察中国近年来家户储蓄率上涨的原因，并进一步探讨国民储蓄率的变动趋势。

家户储蓄率实际上是家户在给定的预算约束下，最大化效用所引致的均衡决策。而对当前中国家户决策的探讨，不能脱离典型的城乡二元结构：事实上，城乡居民面临的约束有显著差异，其消费—储蓄决策显然也会有显著差别。具体而言，城镇企业会为城镇

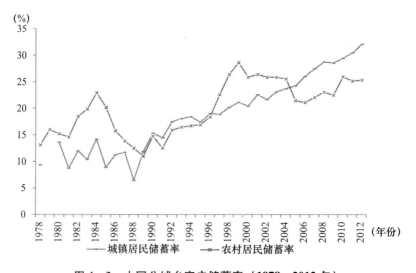

图4—3　中国分城乡家户储蓄率（1978—2012年）

说明：城镇居民储蓄率由城镇家庭平均每人可支配收入减去城镇家庭平均每人全年消费性支出，然后除以城镇家庭平均每人可支配收入计算而得；农村居民储蓄率由农村居民家庭人均年纯收入减去农村家庭平均每人年消费性支出，然后除以农村居民家庭人均年纯收入计算而得。

数据来源：《中国统计年鉴》。

---

① Blanchard, O. and F. Giavazzi, "Rebalancing Growth in China: A Three-Handed Approach", *China & World Economy*, Vol. 14, No. 4, 2006, pp. 1–20.

家户购买一定水平的社会医疗保险①，因此，农村家户的社会医疗保障水平明显低于城镇家户②，这使得农村家户需要更多的储蓄应对养老、医疗等问题③，农村家户的储蓄率更高。同时，中国大多数农村家户仍旧处于"温饱"水平，其可用于储蓄的收入并不多，这限制了其高储蓄率。图4—3描述了中国城乡家户储蓄率的差异，结果表明，在2004年以前，农村居民储蓄率高于城镇居民储蓄率，而2004年以后则有反转，城镇居民的储蓄率更高。

注意到，图4—3的城乡居民是以常住人口为标准划分的。而在目前的二元经济框架中，随着非农部门的资本深化，农业劳动力向非农部门不断转移。由于户籍制度的限制，这一转移进程自然将家户分为三种类型：城市居民、进城打工的农民工以及农村居民。城镇居民中包括了大批的农民工，而后者实际上归属于农村户籍，其享有的收入水平以及社会保障水平并不能与城镇户籍的居民同日而语，而这些因素显然构成了家户消费—储蓄决策的约束，对储蓄率有显著影响。

为了进一步考察居民储蓄率的构成，以及分析其上升原因，需要分离出三类群体各自的储蓄率。表4—1汇总了不同数据来源下的城镇户籍居民、农民工以及在农村就业的农村户籍居民的储蓄率。

---

① Blanchard, O. and F. Giavazzi, "Rebalancing Growth in China: A Three-Handed Approach", *China & World Economy*, Vol. 14, No. 4, 2006, pp. 1 - 20.

② Kanbur, R. and X. Zhang, "Fifty Years of Regional Inequality in China: a Journey through Central Planning, Reform, and Openness", *Review of Development Economics*, Vol. 9, No. 1, 2005, pp. 87 - 106.

③ Kuijs, L., "How Will China's Saving-investment Balance Evolve?" *World Bank Policy Research Working Paper*, No. 3958, 2006.

可以看出，在数据可得的 2002 年和 2007 年，农民工的储蓄率均为最高。而城镇户籍居民 2002 年的储蓄率低于农村就业的农村户籍居民，而 2007 年其储蓄率反而较高。

表 4—1　城镇户籍居民、农民工以及在农村就业的农村居民的储蓄率

年份　　群体	2002 年	2007 年
在农村就业的农村户籍居民	25.90%	22.14%
农民工	25.98%	33.29%
城镇户籍居民	22.60%	31.76%

说明：1. 在计算农村就业的农村户籍居民的储蓄率数据时，本章假设只有极少数城镇居民转移至农村进行生产生活，因此可直接采用图 4-3 中的农村居民储蓄率。2. 农民工 2002 年和 2007 年以及城镇户籍居民 2007 年的储蓄率数据来自于中国居民收入调查数据库（CHIPS）数据库。3. 城镇居民 2002 年的储蓄率数据直接取图 4-3 中城镇居民 2001 年的储蓄率，因该统计口径下的城镇住户调查对象在 2001 年以前为全国非农业住户，2002 年以后才改为全国城市市区和县城关镇区住户，因此 2001 年的储蓄率数据剔除了农民工因素，用其对 2002 年的储蓄率进行近似较为可靠。

在目前的二元经济框架中，农业劳动力向非农部门不断转移，成为农民工。根据表 4—1，农民工的储蓄率在三类群体中一直处于高位。因此，在劳动力转移的过程中，由于农民工群体的壮大，这一过程带动了居民储蓄率和整体国民储蓄率的上升。本章试图通过一般均衡模型，探究城镇居民、进城打工的农民工以及农村居民三类群体的储蓄率差异，以及三者间储蓄率关系和关系发生变化的原因，并基于此对中国居民储蓄率和国民储蓄率近年来的连续上升做出解释。本章认为，农村户籍居民享受的社会保障差异水平较低，在预防性储蓄动机下，储蓄率有所提升，只是由于最低消费水平的约束，储蓄受到限制；但农民工收入有较大的提高，[①]进一步提高了农民工的储蓄率。三类群体的消费—储蓄行为决定了中国家户储蓄率的走势，其中，储蓄率较高的农民工群体的壮大是带动近年来家户储蓄率上升的重要原因。

因此，本章在二元经济框架下，从农业劳动力转移的角度探讨中国家户储蓄率和国民储蓄率上升的原因。本章建立了一般均衡模型分析家户的消费储蓄决策，将总储蓄率分解为城市居民、农民工和农民三类群体的储蓄率。由于社会保障水平和收入水平的差异，农民工的边际储蓄倾向比农民和城镇居民高。在农业劳动力向非农部门持续转移的进程中，农民工群体随着非农部门的资本积累而不断扩大，其高储蓄行为也推动了家户储蓄率和国民储蓄率的上升。

本章结构安排如下：第二部分为文献综述。第三部分构建理论模型，解释中国家户储蓄率以及国民储蓄率上升的原因。第四部分，进行经济显著性分析。第五部分为结论与政策建议。

◇◇ 第二节　文献综述

从经典的理论出发，探讨家户储蓄的文献并不在少数。已有的

----

① 卢锋：《中国农民工工资走势：1979—2010》，《中国社会科学》2012 年第 7 期。

研究分别从不同角度对中国的高储蓄率进行了解释。[①]然而,高储蓄率并不是储蓄率持续上升的必要条件。针对近年来中国家户储蓄率上升的研究也在不断推进。首先,根据生命周期假说,经济主体根据其一生的全部预期收入来制定消费—储蓄决策。[②] 因此,在经济主体同质的假设下,总人口中工作群体的比例的上升可以导致储蓄率的上升,[③] 但该结论本身与中国实际情况的吻合度相距较远。[④] 但如果考虑到中国农民的实际隐形失业问题,随着农业劳动力不断向生产率更高的非农部门转移所带来的实际上的工作群体的比例的上升,则对中国储蓄率持续上升的解释度就可以大大提高。其次,金融发展程度较低,有可能使经济主体年轻时面临较强的信贷约束,从而导致较高的储蓄率,这实际上是对生命周

---

① 具体而言,已有文献主要从均衡和非均衡的角度研究了中国的储蓄率。非均衡角度主要从商品市场和信贷市场的短缺和配给制对中国的高储蓄进行解释 (Feltenstein etal. , 1990;Ma, 1993;Wang and Chern, 1992;Fleisher etal. , 1994;Wang and Kinsey, 1994)。均衡角度的解释主要包括三类:1. 凯恩斯储蓄函数,即认为储蓄率与收入高度相关 (Wong, 1993;Qian, 1988;World Bank, 1988);2. 永久性收入假说,即认为仅有未预期到的收入可以带来储蓄率的上涨 (Chow, 1985;Qian, 1988;Wong, 1993;Wang, 1995);3. 生命周期假说,即认为经济主体根据其一生的预期收入来制定储蓄决策 (Jefferson, 1990;Pudney, 1993;Dessi, 1991),详见 Kraay (2000)。此外, Banerjee et al. (2010) 也从计划生育政策的角度支持了生命周期假说。

② Modigliani, F. , "The Life Cycle Hypothesis of Saving and Intercountry Differences in the Saving Ratio", *Induction*, Growth and Trade, 1970, pp. 197 – 225.

③ Modigliani, F. and S. L. , Cao, "The Chinese Saving Puzzle and the Life-cycle Hypothesis", *Journal of Economic Literature*, Vol. 42, No. 1, 2004, pp. 145 – 170;Horioka, C. Y. and J. , Wan, "The Determinants of Household Saving in China: a Dynamic Panel Analysis of Provincial Data", *Journal of Money*, Credit and Banking, Vol. 39, No. 8, 2007, pp. 2077 – 2096.

④ Chamon, M. D. and E. S. Prasad, 2010, "Why are Saving Rates of Urban Households in China Rising", *American Economic Journal: Macroeconomics*, pp. 93 – 130.

期假说的反向支持。① 但近年来中国金融系统的效率在提高，而储蓄率仍然在上涨，使得这一解释的有效性面临挑战。文化差异是东亚国家储蓄率较高的原因之一，但由于文化的时间不变性，也很难对近年来储蓄率的上涨做出解释，而必须结合一个持续变动的因素才能做出理想的解释②。Du 和 Wei 以及 Wei 和 Zhang 提出了竞争性储蓄说，认为中国的性别比例失衡使得中国家庭为在婚姻市场上更有竞争力而储蓄财富，使得中国储蓄率不断升高。③ 事实上，这种追逐财富乃至社会地位的行为即马克思韦伯所提出的，也被广泛证实存在的"资本主义精神"④。但根据 Chamon 和 Prasad 的研究，中国所有年龄群体的储蓄率都在提高，很难说都是在为婚姻市场竞争而做准备，因而，可能还存在一个更具基础性的因素推高了中国各年龄群体的储蓄率⑤。

　　另一种对储蓄率上涨的经典解释是收入不确定性与预防性储蓄。该理论的支持者认为由于中国社会保障体系和医疗体系很不完

① Kuijs, L., "How Will China's Saving-investment Balance Evolve?" *World Bank Policy Research Working Paper*, No. 3958, 2006.

② Wei, S. J. and X., Zhang, "The Competitive Saving Motive: Evidence from Rising Sex Ratios and Savings Rates in China", *Journal of Political Economy*, Vol. 119, No. 3, 2011, pp. 511 – 564.

③ Du, Q. and S. J., Wei, "A Sexually Unbalanced Model of Current Account Imbalances", *NBER Working Paper*, No. 16000, 2010; Wei, S. J. and X., Zhang, "The Competitive Saving Motive: Evidence from Rising Sex Ratios and Savings Rates in China", *Journal of Political Economy*, Vol. 119 (3), 2011, pp. 511 – 564.

④ Bakshi, G. S. and Z., Chen, "The Spirit of Capitalism and Stock-market Prices", *American Economic Review*, 1996, pp. 133 – 157.

⑤ Chamon, M. D. and E. S. Prasad, "Why are Saving Rates of Urban Households in China Rising", *American Economic Journal: Macroeconomics*, 2010, pp. 93 – 130.

善，居民收入具有较大的不确定性，为了自我保险和为未来养老做准备而过度储蓄，推高了中国的储蓄率，事实上这也是生命周期假说的一个推广①。然而，有研究认为预防性储蓄说也许可以解释中国为何有较高的储蓄率，但解释不了中国的储蓄率为什么在不断上升。中国的社会和医疗保障系统在逐步完善，收入不确定性在减少，储蓄率应该下降，而这明显与现实不符②。本章认为，以往关于预防性储蓄的研究大都忽略了一个重要的事实，就是在中国二元经济结构背景下，城市与农村的社会和医疗保障系统也具有二元性：城市户籍居民所能享受的社会和医疗保障水平显著高于农村户籍居民，这就造成了农村户籍居民本身具有比城市户籍居民更高的储蓄倾向③。然而，储蓄率水平的高低还受到最低消费水平的限制，这种限制在收入水平较低时更显著，因此，农村户籍居民并不一定会比城市居民有更高的储蓄率。由于最低消费水平的限制，农村家

① Blanchard, O. and F. Giavazzi, "Rebalancing Growth in China: A Three-Handed Approach", *China & World Economy*, Vol. 14, No. 4, 2006, pp. 1 – 20. Chamon, M. D., and E. S. Prasad, "Why are Saving Rates of Urban Households in China Rising", *American Economic Journal: Macroeconomics*, 2010, pp. 93 – 130. Chamon, M., K., Liu and E., Prasad, "Income Uncertainty and Household Savings in China", *IMF Working Paper*, 2010, pp. 1 – 34.

② Wei, S. J. and X., Zhang, "The Competitive Saving Motive: Evidence from Rising Sex Ratios and Savings Rates in China", *Journal of Political Economy*, Vol. 119, No. 3, 2011, No. 511 – 564.

③ Kanbur, R. and X. Zhang, "Fifty Years of Regional Inequality in China: a Journey through Central Planning, Reform, and Openness", *Review of Development Economics*, Vol. 9, No. 1, 2005, pp. 87 – 106; Blanchard, O. and F. Giavazzi, "Rebalancing Growth in China: A Three-Handed Approach", *China & World Economy*, Vol. 14, No. 4, 2006, pp. 1 – 20.

户不得不采取次优的储蓄决策而提前消费，从而降低了储蓄率。只有随着收入水平的普遍提高，越来越多的人不再受最低消费的限制，实现个体跨期优化的消费率，从而总体储蓄率也不断提高。

以上的机制分析考虑了中国家户储蓄率的二元性，考虑了城镇和农村居民储蓄率的不同，但做出的分析并不完整，而根据以上推理，城镇和农村居民的储蓄率大小也并不确定。事实上，中国经济转型的过程中，还产生了一类规模和比重日益扩大的特殊群体，即农民工——转移到城市非农部门就业的农村户籍居民。农民工具有两个重要特征：第一，户口仍然在农村，即属于农村户籍居民，仍然只能享受较低的医疗社保水平，因此他具有比城市居民更高的储蓄倾向；第二，他在城市部门的收入已经接近甚至超过部分城市户籍居民，是他原来在农业就业时所得收入的数倍，因此已逐渐摆脱最低消费水平的限制。由于具有这两种特征，农民工群体成为三类群体中储蓄率最高的一类。据统计，改革开放以来，农业劳动力以年均800万的规模持续向城市部门转移，农民工总量在2014年已经达到2.7亿之多，占中国非农就业的比重超过50%。因此，如本章后面模型部分将更详细地分析到，由于最低消费水平的限制和城乡居民的社会和医疗保障水平差距的存在，在中国二元经济结构转型、农业劳动力持续转移的背景下，农民工群体正在不断壮大，而这也已经并且将不断推高中国总体家户储蓄率。

事实上，根据 Lewis 和 Jorgenson 的研究，无论是基于古典假设还是新古典假设的二元经济模型均表明，一个发展中国家，随着非农部门相对于农业部门的发展，国民储蓄率都会上升。[1] 以往一些研究已经认识到二元经济结构特征对于中国经济的重要性，以及将其作为解释近年来中国储蓄率高涨的一个切入点。例如，李扬和殷剑锋等认为剩余劳动力由农业向工业（工业化）、由农村向城市（城市化）、由国有向非国有（市场化）的持续转移这种增长模式导致了企业高储蓄的必然结果。[2] 樊纲等指出企业储蓄大幅上涨的原因在于改革开放使得企业生产率的提高和农村剩余劳动力的持续转移。[3] 巴曙松认为中国在之前一个阶段的企业储蓄上升的原因在于人口结构变化所导致的劳动力成本上升并未真实反映到企业的真实成本上，企业也未能将成本扭曲所形成的超高利润转移成工人的养老、医疗和保险等支出，导致企业储蓄显著上升。[4] 樊纲和吕焱也是在二元经济结构框架下探讨中国储蓄率上升的原因。[5] 然而，以上对中国储蓄率的研究，尽管考虑了中国二元经济结构转型，但都是从企业利润和资本积累的角度展开的，鲜有文献从家户储蓄的角度展开讨论。因此，本章将以二元经济发展理论的分析框架为基础，结合最低消费理论、生命周期理论和预防性储蓄说，考察三类

---

① Lewis, W. A., "Economic Development with Unlimited Supplies of Labour", *Manchester School*, Vol. 22, No. 2, 1954, pp. 139 – 191; Jorgenson, D. W., "Surplus Agricultural Labour and the Development of a Dual Economy", *Oxford Economic Papers*, Vol. 19, No. 3, 1967, pp. 288 – 312.

② 李扬、殷剑峰：《中国高储蓄率问题探究》，《经济研究》2007 年第 6 期。

③ 樊纲、魏强、刘鹏：《中国经济的内外均衡与财税改革》，《经济研究》2009 年第 8 期。

④ 巴曙松：《外部再平衡：储蓄率与资金流向》，《新金融》2011 年第 1 期。

⑤ 樊纲、吕焱：《经济发展阶段与国民储蓄率提高：刘易斯模型的扩展与应用》，《经济研究》2013 年第 3 期。

不同群体在面临不同的约束条件下的消费储蓄决策，从而建立一个刻画发展中国家二元经济转型特征的动态经济模型，使用此模型对中国经济高速增长的同时出现家户储蓄率乃至国民储蓄率持续上升的现象予以解释。

◇ 第三节　理论模型

本章把二元经济结构下的主体分为三类人，分别为有城市户籍在城市工作的人 u，农村户籍在农村工作的人 a，和农村户籍到城市工作的人 m。假设在 t 期，拥有城市户籍的人口数为 $N_{ut} = L_{ut}$；拥有农村户籍的人口数为 N_{at}，其中进城务工即农民工数为 L_{mt}，留在农村从事农业生产的人口为 $L_{at} = N_{at} - L_{mt}$。本章暂时将城市户籍人口数和农村户籍人口数看成给定，由此总人口也给定。

一　生产

农业部门生产函数：

$$Y_{at} = L_{at}^{\gamma} = (N_{at} - L_{mt})^{\gamma} \tag{1}$$

其中 $0 < \gamma \leq 1$。

非农部门生产函数：

$$Y_{ut} = K_t^{\alpha} (A_{ut} L_{ut} + A_{mt} L_{mt})^{1-\alpha} \tag{2}$$

其中，A_{ut} 和 A_{mt} 反映城市工人和农民工的效率差异。这种效率差异或是由于人力资本差异造成的或是由于专业化（农民工原是从事农业的）造成的。

三类群体具有相同的偏好，但面临的预算约束不同，一方面由于其享受的社会保险程度不同。农村户籍居民享有的社会保险水平较低，拥有城市户籍的人口社会保险水平较高，即有以下假设：

假设 1　设城市工人、农民工和农民购买保险金额占其收入比例分别为 θ_u、θ_m、θ_a，满足 $\bar{\theta} = \theta_u > \theta_m = \theta_a = \underline{\theta}$。

企业有义务相应为劳动者购买工资收入的 $\varphi(\theta)$ 比例的养老保险，即劳动者在第二期将享受到 $\theta + \varphi(\theta)$ 比例的养老保险金收益，θ 和 $\varphi(\theta)$ 均为外生的常数，且 $\varphi(\theta)$ 连续且单调递增，即 $\varphi'(\theta) > 0$，且假设 $\varphi(0) = 0$。易知：

$$\varphi(\bar{\theta}) > \varphi(\underline{\theta}) \tag{3}$$

农业部门的利润最大化决策满足：

$$\max L_{at}^{\gamma} - (1 + \varphi(\underline{\theta})) W_{at} L_{at}$$

F. O. C

$$W_{at} = \frac{\gamma L_{at}^{\gamma-1}}{1 + \varphi(\underline{\theta})} = \frac{\gamma (N_{at} - L_{mt})^{\gamma-1}}{1 + \varphi(\underline{\theta})} \tag{4}$$

此时注意到非农部门有剩余利润，简单起见假设利润耗散，不形成积累。

非农部门企业在利率 r_t、城市工人工资 W_{ut} 和农民工工资 W_{mt} 给定的情况下，使用最优的资本量 K_t，城市工人数量 L_{ut} 和农民工数量 L_{mt}，最大化以下利润函数 πt：

$$\max \pi t = K_t^{\alpha} (A_{ut} L_{ut} + A_{mt} L_{mt})^{1-\alpha} - (1 + \varphi(\bar{\theta})) W_{ut} L_{ut} -$$

$$(1 + \varphi(\underline{\theta})) W_{mt} L_{mt} - r_t K_t$$

求解该最大化问题，有：

$$W_{ut} = (1 - \alpha) K_t^{\alpha} (A_{ut} L_{ut} + A_{mt} L_{mt})^{-\alpha} A_{ut} / (1 + \varphi(\overline{\theta})) \tag{5}$$

$$W_{mt} = (1 - \alpha) K_t^{\alpha} (A_{ut} L_{ut} + A_{mt} L_{mt})^{-\alpha} A_{mt} / (1 + \varphi(\underline{\theta})) \tag{6}$$

$$r_t = \alpha K_t^{\alpha-1} (A_{ut} L_{ut} + A_{mt} L_{mt})^{1-\alpha} \tag{7}$$

所以，

$$\frac{W_{ut}}{W_{mt}} = \frac{A_{ut}}{A_{mt}} \frac{(1 + \varphi(\overline{\theta}))}{(1 + \varphi(\underline{\theta}))} \tag{8}$$

可见，两类工人工资比值决定于相对生产率差异和相对企业需提供的社会保险水平，其中，与相对生产率差异成正比，与相对社会保险水平成反比。

二 偏好

代表性家户最大化一生的效用 V，满足世代交叠模型，即：

$$\max V = \ln(C_t - \overline{C}) + \beta ln (C_{t+1} - \overline{C}) - D$$

$$\text{st} : C_t = W_t - S_t - \theta W_t$$

$$C_{t+1} = [S_t + (\theta + \varphi(\theta)) W_t](1 + r_{t+1})$$

其中，C_t 和 C_{t+1} 为第一期和第二期的普通消费，$\overline{C}$ 为家户为维持每期生存所需要的最低消费水平[1]；D 为劳动力跨部门转移所面临的成本，

---

[1] Gollin, Douglas, Stephen L. Parente and Richard Rogerson, "The Food Problem and the Evolution of International Income Levels", *Journal of Monetary Economics*, Vol. 54, No. 4, 2007, pp. 230 – 1255.

对于城市居民和农民，有 $D = 0$；而农民工则面临一定转移成本。[①] 在本章中，为便于分析，将阻碍农业劳动力转移的成本统称为转移成本，直接降低转移的农业劳动力即农民工的效用水平，即 $D > 0$。β 为主观贴现率；W_t 为家户在第一期的工资收入。合并预算约束式：

$$C_t + \frac{C_{t+1}}{1 + r_{t+1}} = W_t(1 + \varphi(\theta)) \tag{9}$$

求解最大化问题，一阶条件满足：

$$C_t = \frac{1 + \varphi(\theta)}{1 + \beta} W_t + \frac{\bar{C}}{1 + \beta}\left(\beta - \frac{1}{1 + r_{t+1}}\right) \tag{10}$$

因此可以得到家户的消费率为：

$$c_t = \frac{C_t}{W_t} = \frac{1 + \varphi(\theta)}{1 + \beta} + \frac{\bar{C}}{(1 + \beta)W_t}\left(\beta - \frac{1}{1 + r_{t+1}}\right) \tag{11}$$

广义上，储蓄应包括家户的储蓄及保险购买，则广义储蓄率为：

$$s_t = \frac{S_t + \theta W_t}{W_t} = \frac{\beta - \varphi(\theta)}{1 + \beta} - \frac{\bar{C}}{(1 + \beta)W_t}\left(\beta - \frac{1}{1 + r_{t+1}}\right) \tag{12}$$

根据式（12），本章可以导出引理1：

[①] 现实中，农业劳动力并非毫无成本的在两部门间自由转移，而往往遇到各种流动障碍，面临转移成本的问题。在拉美和其他地区曾普遍观察到"半城市化"现象（Jacoby, Erich H., "The Coming Backlash of Semi-Urbanization", *Ceres*（*FAO Review*），1970, 3 (6), 48 – 51.），在中国的农业劳动力转移过程中也有明显的体现。"农民工"这一特殊称谓体现了大多数转移劳动者的身份、生活方式与劳动要素产业化投入的矛盾。中国农村流动人口的半城市化问题不仅体现在社会生活、行动和认同层面，而且更明显地体现在体制层面，三个层面的相互强化使农村流动人口的半城市化出现长期化的变迁趋向。（王春光：《农村流动人口的"半城市化"问题研究》，《社会学研究》2006 年第 5 期。）这意味着现实中的劳动力转移会遇到各种障碍，包括移出、移入和流动障碍，面临转移成本的影响。Gupta（Gupta, M. R. "Foreign Capital and the Informal Sector: Comments on Chandra and Khan", *Economica*, Vol. 64, No. 254, 1997, pp. 353 – 363.）早已认识到转移成本的重要性，构建了引入转移成本的劳动力转移模型。

引理 1　式（12）所定义的家户广义储蓄率满足以下性质：

1）社保水平越高，家户的储蓄率越低，即有：

$$\frac{\partial s_t}{\partial \theta} = -\frac{\varphi'(\theta)}{1 + \beta} < 0 \qquad (13)$$

2）假设 $\beta(1 + r_{t+1}) > 1$ ，则家户收入水平越高，储蓄率越高，即有：

$$\frac{\partial s_t}{\partial W_t} = \frac{\bar{C}}{(1 + \beta) W_t^2}\Big(\beta - \frac{1}{1 + r_{t+1}}\Big) > 0 \qquad (14)$$

3）在 2）的假设下，进一步假设：

$$\bar{C}\Big(\beta - \frac{1}{1 + r_{t+1}}\Big)\Big(\frac{1}{W_m} - \frac{1}{W_u}\Big) < \varphi(\bar{\theta}) - \varphi(\underline{\theta}) <$$

$$\bar{C}\Big(\beta - \frac{1}{1 + r_{t+1}}\Big)\Big(\frac{1}{W_a} - \frac{1}{W_u}\Big) \qquad (15)$$

则易知：$s_{at} < s_{ut} < s_{mt}$ ，即农民工储蓄率高于城镇家户储蓄率，后者储蓄率高于农村家户储蓄率。

引理 1 中 3）所导出的结论与 2007 年三类群体的储蓄率形态相符。此处本章进一步讨论引理 1 中假设的合理性。针对 2）中，对于最低消费水平所导致的收入水平与储蓄率正相关的假设 $\beta(1 + r_{t+1}) > 1$ ，文献中已有丰富的讨论。Dynan 等已证明，当投资回报率足够高时，最低消费水平的限制使得收入水平与储蓄率呈正相关。[①] 针对目前，中国的资本产出比仍然较低，中国的资本回报率仍旧处于高位，考虑到贴现因子是外生的，这一假设相对合理，

---

① Dynan, Karen E. , Jonathan Skinner, and Stephen P. Zeldes, "Do the Rich Save More?" *Journal of Political Economy*, Vol. 112, No. 2, 2004, pp. 397 – 444.

也不影响模型结论。[①] 这也解释了农民工比农村家户储蓄率高的现象。当收入水平还比较低时，跨期优化的最优消费水平会低于最低消费水平，此时，由于最低消费水平的限制，家户不得不采取次优的储蓄决策，提前消费，从而降低了储蓄率和资本积累。随着收入水平的普遍提高，越来越多的人不再受最低消费的限制，实现个体跨期优化的消费率，从而总体储蓄率也不断提高。而3）中假设的直觉含义是，城乡的社会保障差异仍然足够大，处于（15）式所处的区间中。综合来看，农民工尽管转移至城市后收入水平有所提高，但由于其社会保障水平仍然较低，使得储蓄率仍比城市居民高；而尽管城市居民的社会保障水平较高，但农民的收入仍旧大致处于温饱水平，导致农民的储蓄率较城市居民更低。这与本章观察到的三类群体 2007 年的总体储蓄率情形一致。

本章的模型也可以用于解释 2002 年的储蓄率形态。从表 4—1 可以看出，2002 年农民工的储蓄率略高于农村家户，后者储蓄率则高于城镇居民。而 2007 年农民的储蓄率较 2002 年也有所降低。事实上，2004 年起，中国农村户籍居民的社会保障水平有了较显著的提高，这导致 2007 年储蓄形态的变化，即城镇与农村居民储蓄率出现反转：城镇居民储蓄率反而更高。在式（15）中，这体现为 2002

---

① Lee, Houng, Syed Murtaza, and Xueyan Liu, "Is China Over-Investing and Does It Matter?" *IMF Working Paper*, 12/277, 2012; Bai, C., C. Hsieh and Y. Qian, "The Return to Capital in China", *Brookings Papers on Economic Activity*, Vol. 2, 2006, pp. 61 – 88; CCER "中国经济观察" 研究组：《我国资本回报率估测（1978—2006）——新一轮投资增长和经济景气微观基础》，《经济学（季刊）》2007 年第 6 卷第 3 期；徐建国、张勋：《中国政府债务的状况、投向以及风险分析》，《南方经济》2013 年第 1 期。

年时，城镇与农村居民的社会保障差距更大，大于式（14）中所定义的上限，即：

$$\varphi(\bar{\theta}) - \varphi(\underline{\theta}) > \bar{C}\Big(\beta - \frac{1}{1 + r_{t+1}}\Big)\Big(\frac{1}{W_a} - \frac{1}{W_u}\Big) >$$

$$\bar{C}\Big(\beta - \frac{1}{1 + r_{t+1}}\Big)\Big(\frac{1}{W_m} - \frac{1}{W_u}\Big) \tag{16}$$

此时有 $s_{ut} < s_{at} < s_{mt}$，即 2002 年数据上所描述的储蓄率形态。本章后文将会看到，不管是式（15）还是式（16）成立，即不管是 2002 年还是 2007 年的情形，劳动力转移都能恒常推动储蓄率的上涨。

三　均衡

接下来本章讨论模型的均衡。农村户籍的人口可以选择是否向城市转移。事实上，随着非农部门的资本积累，其对劳动力需求增加，农村户籍的人口向城市转移可以获取更高工资，但这种劳动力的转移使得农民工面临一定的转移成本。因此劳动力转移会达到一个均衡，在这个均衡下，农村户籍的人口无差异于转移与否，即有：

$$\ln(C_{mt} - \bar{C}) + \beta\ln(C_{m,t+1} - \bar{C}) - D = \ln(C_a - \bar{C}) + \beta\ln(C_{a,t+1} - \bar{C})$$

即：

$$\ln\Big[\frac{1 + \varphi(\underline{\theta})}{1 + \beta} W_{mt} - \frac{\bar{C}}{1 + \beta}\Big(1 + \frac{1}{1 + r_{t+1}}\Big)\Big] +$$

$$\beta\ln\left[\frac{1+\varphi(\theta)}{1+\beta}\beta(1+r_{t+1})W_{mt} - \frac{\bar{C}}{1+\beta}(\beta r_{t+1} - 2)\right] - D =$$

$$\ln\left[\frac{1+\varphi(\theta)}{1+\beta}W_{at} - \frac{\bar{C}}{1+\beta}\left(1 + \frac{1}{1+r_{t+1}}\right)\right] +$$

$$\beta\ln\left[\frac{1+\varphi(\theta)}{1+\beta}\beta(1+r_{t+1})W_{at} - \frac{\bar{C}}{1+\beta}(\beta r_{t+1} - 2)\right]$$

本章令：

$$W_{mt} = \tau W_{at} \tag{17}$$

可知，τ 主要取决于转移成本 D 的大小，且易证：$\frac{\partial \tau}{\partial D} > 0$ 且 $\tau >$ 1。因此，转移成本越大，农民工与农民的工资差距越大。由此，本章可以得到经济体的一般均衡定义。

定义 1　经济体一般均衡条件由两部门最大化利润的一阶条件，劳动力转移均衡以及三类主体的消费储蓄决策构成。

给定城市、农村户籍人口，可解得三类人的工资水平，以及劳动力转移量即农民工人数。其中，农民工量满足以下方程：

$$\frac{(1-\alpha)K_t^\alpha(A_{ut}L_{ut} + A_{mt}L_{mt})^{-\alpha}A_{mt}}{\gamma(N_{at} - L_{mt})^{\gamma-1}} = \tau \tag{18}$$

可得隐函数 $L_{mt} = L_{mt}(K_t)$，易知 $L'_{mt}(K_t) > 0$。此外，三类人的工资水平均可写成资本存量的函数，且满足 $W'_{at}(K_t) > 0$，$W'_{mt}(K_t) > 0$，$W'_{ut}(K_t) > 0$。由此本章给出引理 2：

引理 2　随着非农部门资本的不断积累，劳动力从农业部门向非农部门转移，在此过程中，农民、农民工和城市工人的工资均上涨。

　　需要指出的是，若不存在劳动力转移，非农部门的资本积累仅提高了城市工人的工资，而对农民的收入没有影响。[①] 从这个意义上，自由迁徙使得收入更平等化。

　　此外，经济体并不是一开始便有劳动力转移的情形发生，根据式（18），令 $L_{mt} = 0$ ，可以解得 $K_{0t} = K_t = A_{ut} L_{ut} \left[\dfrac{\tau \gamma N_{at}^{\gamma-1}}{(1-\alpha) A_{mt}} \right]^{\frac{1}{\alpha}}$ 。这是劳动力开始转移的初始资本需求存量。这取决于经济体初期的城市、农村户籍人口相对比例。此外，转移成本越高，劳动力转移的初始资本需求也越高。因此，从经济意义上说，本章有：

$$
L_{mt}(K_t) \begin{cases} = 0, 若K_t \le A_{ut} L_{ut} \left[\dfrac{\tau \gamma N_{at}^{\gamma-1}}{(1-\alpha) A_{mt}} \right]^{\frac{1}{\alpha}} \\[4mm] > 0 \text{ 且满足式(15)}, 若K_t > A_{ut} L_{ut} \left[\dfrac{\tau \gamma N_{at}^{\gamma-1}}{(1-\alpha) A_{mt}} \right]^{\frac{1}{\alpha}} \end{cases} \quad (19)
$$

（一）资本积累与经济增长

　　接下来讨论劳动力转移过程中的资本积累和经济增长。资本积累方程如下：

$$
K_{t+1} = S_t = \frac{\beta - \varphi(\bar{\theta})}{1+\beta} W_{ut}(K_t) L_{ut} + \frac{\beta - \varphi(\underline{\theta})}{1+\beta} W_{mt}(K_t) L_{mt}(K_t) +
$$

$$
\frac{\beta - \varphi(\underline{\theta})}{1+\beta} W_{at}(K_t) L_{at}(K_t) \quad (20)
$$

　　其中，$L_{mt}(K_t)$ ，$W_{ut}(K_t)$ ，$W_{mt}(K_t)$ ，$W_{at}(K_t)$ 满足式（4）、（8）、

---

　　① 若不考虑工业品和农产品相对价格变化的条件下如此，或者两类商品价格均由世界价格决定时如此；否则，将通过提高农产品价格的方式增加农业收入。

（17）和（18）。令式（20）中 $K_{t+1} = F(K_t)$，则有引理3：

引理3　假设 $\beta > \varphi(\theta)$，则函数 $F(K)$ 满足：

1）$\lim\limits_{K \to 0} F(K) \geq 0$；

2）$\forall K \in (0, K_0) \cup (K_0, \infty)$，有 $F'(K) \geq 0$，其中 K_0 为转移初始需求资本存量，即 $F(K)$ 单调递增；

3）$\lim\limits_{K \to 0} F'(K) = \infty$，$\lim\limits_{K \to \infty} F'(K) = 0$。

在引理2之下，本章有定理1。

定理1　在定义1的均衡下，经济体至少存在一个稳定均衡。

引理3和定理1的证明均在本章附录。直观上，由定理1所得到的稳定均衡是一个长期过程，而由引理3，在达到这个稳定均衡之前，经济体的资本不断积累，从而实现经济增长。此外，劳动力的自由迁徙可以让经济体达到一个更高资本量和产出的均衡，即定理2所描述的：

定理2　劳动力转移提高稳态资本存量和经济发展水平。

本节同样把定理2的证明置于本章附录。

（二）储蓄率

接下来讨论二元经济框架下的储蓄率问题。由上述的世代交叠模型假设，一国在第t期的人口结构，由在t期出生的三类年轻人和在t−1期出生的三类老年人组成，因此总国民储蓄率取决于这六类人各自的储蓄率及六类人口结构比重。需要指出的是，在t−1期出生的三类老年人在第t期均把所有资本性收入消费掉，储蓄率为0。

定理3　一国总国民储蓄率取决于年轻人总储蓄率和老年人储

蓄率（为 0）及人口老龄化结构；而年轻人储蓄率取决于三类年轻人各自的储蓄率及劳动人口结构。

由于社会保障水平和收入的差异，以及转移成本的存在，在引理 1 的假设下，只要社会保障水平的差异满足式（15）或（16），则随着农业劳动力不断向非农部门转移，即农民工的数量 L_{mt} 不断提高，中国年轻人总储蓄率及总体储蓄率将不断提高。

证明：

（1）本章首先考虑储蓄者（即年轻人或劳动者）的总储蓄率 s_{1t}，有：

$$s_{1t} = \frac{s_{ut} W_{ut} L_{ut} + s_{mt} W_{mt} L_{mt} + s_{at} W_{at} L_{at}}{W_{ut} L_{ut} + W_{mt} L_{mt} + W_{at} L_{at}}$$

代入三者工资收入的关系，可以将工资收入消去，得到：

$$s_{1t} = s_{mt} \frac{\frac{s_{ut}}{s_{mt}} \frac{A_{ut}}{A_{mt}} \frac{1 + \varphi(\theta)}{1 + \varphi(\bar{\theta})} L_{ut} + \frac{1}{\tau} \frac{s_{at}}{s_{mt}} N_{at} + \left(1 - \frac{1}{\tau} \frac{s_{at}}{s_{mt}}\right) L_{mt}}{\frac{A_{ut}}{A_{mt}} \frac{1 + \varphi(\theta)}{1 + \varphi(\bar{\theta})} L_{ut} + \frac{N_{at}}{\tau} + \left(1 - \frac{1}{\tau}\right) L_{mt}} \tag{21}$$

因此，

$$\frac{d s_{1t}}{d L_{mt}} = s_{mt} \frac{\left(1 - \frac{s_{ut}}{s_{mt}} + \frac{1}{\tau} \frac{s_{ut}}{s_{mt}} - \frac{1}{\tau} \frac{s_{at}}{s_{mt}}\right) \frac{A_{ut}}{A_{mt}} \frac{1 + \varphi(\theta)}{1 + \varphi(\bar{\theta})} L_{ut} + \frac{1}{\tau}(1 - s_{at}) N_{at}}{\left[\frac{A_{ut}}{A_{mt}} \frac{1 + \varphi(\theta)}{1 + \varphi(\bar{\theta})} L_{ut} + \frac{N_{at}}{\tau} + \left(1 - \frac{1}{\tau}\right) L_{mt}\right]^2} \tag{22}$$

在式（15）或（16）下，本章恒有 $s_{mt} > s_{ut}$ 且 $s_{mt} > s_{at}$，且 $\tau > 1$，易知 $\frac{d s_{1t}}{d L_{mt}} > 0$。

因此,当农民工的数量 L_{mt} 不断增加,即劳动力转移进程的进一步持续,中国劳动者总储蓄率 s_{1t} 将不断提高。需要指出的是,只要城乡社会保障水平仍有一定的差距,本章的模型可以同时解释2004年社会保障水平提高前后两段时间的储蓄率的上升形态,而这也是中国目前城乡社会保障差异的现实情形。

本章的模型也发现,单纯的资本积累和工资上涨也可以带来劳动者储蓄率的上升,这主要来自最低消费水平对储蓄的限制作用。事实上,每一个经济体在其经济发展初期均会由于收入水平的上升带来储蓄率的上升。但针对中国的现实情形,本章从模型可以看出,劳动者储蓄率上升的更核心原因在于劳动者结构的变化:在没有劳动力转移的情形下,社会平均储蓄率介于农民与城市居民的储蓄率之间。而一旦劳动力转移开始进行,由于转移成本的存在及资本积累进一步深化,为使劳动力转移得以持续,需要对农民进行一定的货币补偿使得农民有动机转化为农民工投入非农部门生产,而农民工由于缺乏社会保障而保持原来的高储蓄率,收入水平的提高使其储蓄率进一步上升,使得全社会劳动者总储蓄额的增长速度比总劳动报酬快,从而拉高了全社会劳动者的平均储蓄率。

(2)接下来本章考虑一国总国民储蓄率 s_{2t}:

$$s_{2t} = \frac{s_{ut} W_{ut} L_{ut} + s_{mt} W_{mt} L_{mt} + s_{at} W_{at} L_{at}}{Y_{bt} + Y_{at}}$$

化简最终可得到:

$$s_{2t} = \frac{\gamma\, s_{mt}}{1 + \varphi(\underline{\theta})}\; \frac{\dfrac{s_{ut}}{s_{mt}}\dfrac{A_{ut}}{A_{mt}}\dfrac{1 + \varphi(\underline{\theta})}{1 + \varphi(\underline{\theta})}L_{ut} + \dfrac{1}{\tau}\dfrac{s_{at}}{s_{mt}}N_{at} + \left(1 - \dfrac{1}{\tau}\dfrac{s_{at}}{s_{mt}}\right)L_{mt}}{\dfrac{\gamma}{1 - \alpha}\dfrac{A_{ut}}{A_{mt}}L_{ut} + \dfrac{N_{at}}{\tau} + \left(\dfrac{\gamma}{1 - \alpha} - \dfrac{1}{\tau}\right)L_{mt}} \tag{23}$$

因此

$$\frac{ds_{2t}}{dL_{mt}} = \frac{\gamma\, s_{mt}}{1 + \varphi(\underline{\theta})}\; \frac{\dfrac{A_{ut}}{A_{mt}}L_{ut}\left[\dfrac{\gamma}{1 - \alpha} - \dfrac{\gamma}{\tau(1 - \alpha)}\dfrac{s_{at}}{s_{mt}} - \dfrac{\gamma}{1 - \alpha}\dfrac{s_{ut}}{s_{mt}}\dfrac{1 + \varphi(\underline{\theta})}{1 + \varphi(\underline{\theta})} + \dfrac{1}{\tau}\dfrac{s_{ut}}{s_{mt}}\dfrac{1 + \varphi(\underline{\theta})}{1 + \varphi(\underline{\theta})}\right] + \dfrac{N_{at}}{\tau}\left(1 - \dfrac{s_{at}}{s_{mt}}\dfrac{\gamma}{1 - \alpha}\right)}{\left[\dfrac{\gamma}{1 - \alpha}\dfrac{A_{ut}}{A_{mt}}L_{ut} + \dfrac{N_{at}}{\tau} + \left(\dfrac{\gamma}{1 - \alpha} - \dfrac{1}{\tau}\right)L_{mt}\right]^{2}}$$

$$\tag{24}$$

因此，当

$$\frac{A_{ut}}{A_{mt}}L_{ut}\left[\frac{\gamma}{1 - \alpha} - \frac{\gamma}{\tau(1 - \alpha)}\frac{s_{at}}{s_{mt}} - \frac{\gamma}{1 - \alpha}\frac{s_{ut}}{s_{mt}}\frac{1 + \varphi(\underline{\theta})}{1 + \varphi(\underline{\theta})} + \frac{1}{\tau}\frac{s_{ut}}{s_{mt}}\frac{1 + \varphi(\underline{\theta})}{1 + \varphi(\underline{\theta})}\right] >$$

$$\frac{N_{at}}{\tau}\left(\frac{s_{at}}{s_{mt}}\frac{\gamma}{1 - \alpha} - 1\right) \tag{25}$$

时，本章有 $\dfrac{d\, s_{2t}}{d\, L_{mt}} > 0$。

以下本章对式（25）的条件的满足性做一定的讨论：

（1）当两部门劳动产出弹性相等，即 $\gamma = 1 - \alpha$ 时，$\dfrac{d\, s_{2t}}{d\, L_{mt}} > 0$ 恒成立；

（2）一般而言，农业部门的劳动产出弹性大于非农部门，即 $\gamma > 1 - \alpha$，此时当转移成本足够大时，劳动力转移使得中国总储蓄率上升。

为了证明这一点，本章假设转移成本无限大，即 $\tau \to \infty$ 时，式（25）化为：

$$\frac{\gamma}{1-\alpha}\frac{A_{ut}}{A_{mt}}L_{ut}\left[1-\frac{s_{ut}}{s_{mt}}\frac{1+\varphi(\theta)}{1+\varphi(\underline{\underline{\theta}})}\right]>0 \tag{26}$$

易知（26）恒成立。

而当转移成本趋近于 0，此时农民无差异于转移与否，即农民与农民工的工资水平相等，即有 $\tau \to 1$。此时式（25）化为：

$$\frac{A_{ut}}{A_{mt}}L_{ut}\left[\left(\frac{\gamma}{1-\alpha}-1\right)\left(1-\frac{s_{ut}}{s_{mt}}\frac{1+\varphi(\theta)}{1+\varphi(\underline{\underline{\theta}})}\right)+\left(1-\frac{\gamma}{1-\alpha}\frac{s_{at}}{s_{mt}}\right)\right]>$$

$$N_{at}\left(\frac{s_{at}}{s_{mt}}\frac{\gamma}{1-\alpha}-1\right) \tag{27}$$

若 $1-\frac{\gamma}{1-\alpha}\frac{s_{at}}{s_{mt}}<0$，则式（27）左边为负，而右边为正，因此式（25）可能不成立。定义：

$$G(\tau)=\frac{A_{ut}}{A_{mt}}L_{ut}\left[\frac{\gamma}{1-\alpha}-\frac{\gamma}{\tau(1-\alpha)s_{mt}}-\frac{\gamma}{1-\alpha}\frac{s_{ut}}{s_{mt}}\frac{1+\varphi(\theta)}{1+\varphi(\underline{\underline{\theta}})}+\frac{1}{\tau}\frac{s_{ut}}{s_{mt}}\frac{1+\varphi(\theta)}{1+\varphi(\underline{\underline{\theta}})}\right]-$$

$$\frac{N_{at}}{\tau}\left(\frac{s_{at}}{s_{mt}}\frac{\gamma}{1-\alpha}-1\right) \tag{28}$$

容易证明，$G(\tau)$ 为转移成本 τ 的单调函数，因此存在一个转移成本的阈值 $\bar{\tau}$，当 $\tau>\bar{\tau}$ 时，劳动力转移能够带来总储蓄率的上升。直观上，城乡劳动力转移成本越大，则农民工与农民的劳动报酬差距越大，在劳动力转移的过程中，农民工全社会总储蓄额增长率的贡献比总劳动报酬增长率更大，因而带来全社会总储蓄率的上升。

（3）社会保障水平差距可以改变储蓄率的趋势：当社会保障水平差距缩小时，只有在转移成本更高的情况下，储蓄率才会维持上涨的趋势；当社会保障水平完全均等化后，随着劳动力转移的持续，社会总储蓄率恒常下降。

以上结论可从式（25）直接推断得出。需要指出的是，社会保障水平差距的缩小并不一定会导致储蓄率的下降，但差距的缩小，储蓄率的上升程度会有所下降。只有当社会保障水平差距足够小，甚至相等时，总储蓄率才会下降。直观上，给定前一期的社会保障水平差距，本期的差距缩小意味着农村户籍居民的社会保障水平的相对上升，由效用最大化决策，农村居民的储蓄率会相对下降，导致全社会总储蓄率上升程度的缩小，甚至下降。

◇ 第四节　经济显著性分析

本章的模型推演证实了农业劳动力转移会推动中国现阶段家户储蓄率的上升，据此本章也给出了储蓄率下降的边际条件。由于本章仅对家户储蓄率的上涨做出解释，而与模型的结论一致，家户储蓄率在样本区间内基本呈现单调上升态势，因此本章预计，对模型参数的校准模拟结果也会大致符合预期的结论。为节约篇幅，在本章的末尾，本章运用推演模型的思路对家户储蓄率的上升做简单的经济显著性分析，即本章模型能在多大程度上解释了近年来家户储蓄率的上升。具体来说，本章运用表4—1的储蓄率数据，结合现有数据推算的三类群体的收入份额来推算2000—2009年储蓄率的涨幅，这一区间也是储蓄率上升的主要区间。表4—2给出了基本推算结果。

表 4—2 　　　家户储蓄率上升的经济显著性分析（2000—2009 年）

推算口径	口径说明	推算结果（%）
实际家户储蓄率	实际家户储蓄率上升	9.30
口径 1	农民收入份额 = 农村居民家庭人均年纯收入 * 农村人口数/劳动者报酬 农民工收入份额 = 农民工名义工资总额/劳动者报酬 城镇居民收入份额 = 1 - （农民收入份额 + 农民工收入份额）	5.69
口径 2	农民收入份额 = 第一产业增加值/劳动者报酬 农民工收入份额 = 农民工名义工资总额/劳动者报酬 城镇居民收入份额 = 1 - （农民收入份额 + 农民工收入份额）	5.96

说明：农村居民家庭人均年纯收入和农村人口数均采用常住人口口径，能剔除农民工因素。

数据来源：农民工名义工资总额数据来自卢锋（2012），其余数据来自历年《中国统计年鉴》。

　　表 4—2 给出了两种口径下的推算结果。口径 1 中本章计算农民和农民工收入份额为农村居民收入总额和农民工名义工资总额与劳动者报酬的比值，城镇居民收入份额也由此得到，测算结果表明，本章的模型可以解释 2000—2009 年储蓄率上升 5.69 个百分点，解释力为 61.2%。口径 2 中，农民收入份额采用第一产业增加值与劳动者报酬的比值衡量，农民工与城镇居民收入份额计算方法相同，测算结果表明，模型可以解释 2000—2009 年储蓄率上升 5.96 个百分点，解释力为 64.1%。两种口径计算结果均说明本章模型对家户储蓄率的上升具有较强的解释力。需要指出的是，本章的经济显著性测算综合考虑了收入水平和群体结构变化的总体效应：农民进城

成为农民工后，收入水平的提高使其克服了最低消费的限制，并且由于社保效应，其自身边际储蓄倾向的提高，导致其储蓄率进一步提高。随着该群体不断壮大，收入份额不断提高，造成家户储蓄率提高。由于数据限制，本章的推算没有将两类效应进行剥离，这也是本书的后续研究方向。

◇ 第五节　结论

本章在二元经济框架下，从农业劳动力转移的角度探讨中国家户储蓄率和国民储蓄率上升的原因。为此本章建立了一般均衡模型分析家户的消费储蓄决策，将总储蓄率分解为城市居民、农民工和农民三类群体的储蓄率。由于社会保障水平和收入水平的差异，农民工的边际储蓄倾向比农民和城镇居民高。在农业劳动力向非农部门持续转移的进程中，农民工群体随着非农部门的资本积累而不断扩大，其高储蓄行为也推动了家户储蓄率和国民储蓄率的上升。

中国过高的储蓄率已经造成了中国内外部结构严重失衡，甚至在一定程度上导致了全球性结构失衡，引发房价泡沫及金融危机。本章从家户储蓄的角度解释了中国储蓄率高涨的原因，由此也得到了缓解结构失衡的思路。根据本章的研究，缩小城乡居民所享有的社会医疗保障水平差距将是提高居民消费水平、降低储蓄率的有效措施。劳动力转移之所以推高了家户储蓄率，原因在于农民工群体尽管收入有了较大提高，但所享有的社会医疗保障水平仍然很低，因而其预防性储蓄倾向仍然很高，没有将增加的收入转换为有效的消费。因此，通过建立统一的社会医疗保障体系，提高农村居民享有的社会医疗保障水平，可以促进农民、特别是农民工群体的消费，降低家户储蓄率，从而也有助于降低国民储蓄率。此外，通过提高农民工群体的社会医疗保障水平，也会增加企业的用工成本，减少企业大量的剩余利润，降低企业储蓄率，进而降低国民储蓄率。从社会学的角度上讲，建立统一的社会医疗保障体系也是实现社会公平的需要。作为具有平等权利的公民，理应享有平等的社会医疗保障权益。而在城乡收入差距日益扩大的背景下，缩小城乡居民所享有的社会医疗保障水平差距也有助于缩小城乡居民实际收入差距。

除了建立统一的社会医疗保障体系外，降低农业劳动力转移成本也是降低储蓄率的一个有效措施。根据本章的研究，城乡劳动力转移成本越大，则农民工与农民的劳动报酬差距越大，在劳动力转移的过程中，农民工全社会总储蓄额增长率的贡献比总劳动报酬增长率更大，因而带来全社会总储蓄率的上升。因此，降低农业劳动力转移成本，不仅可以促进劳动力转移，支持非农部门发展，还可以缩小农民工与农民的劳动报酬差距，减少劳动力转移带来的储蓄率上升效应。从政策层面上，政府可以通过加强有利于促进劳动力转移的基础设施建设，保障农民工进城务工的各项权益等措施等，从而有效地减少劳动力转移成本。

第 五 章

农业劳动力转移与中国奥肯关系

◇◇ 第一节 引言

"奥肯定律"作为现代宏观经济学教科书一个标准模型,其实质内容是分析一国宏观经济周期与劳动力市场变动之间联系,其具体形式则是揭示一国失业率和实际产出之间稳定的负向关系。奥肯利用美国 1947—1960 年季度数据,分析了失业和实际产出之间的经验关系,发现二者之间的相关系数为 -3.2,即失业率每增加 1%,产出将减少 3.2% [①]。按照奥肯定律解释,失业率下降或就业率上升有助于生产物品或劳务,使得失业率与实际 GDP 变动形成反向关系。当然,奥肯经验模型揭示的统计联系,并非意味着失业率对产出变动存在单向因果关系。至于失业率与产出变动之间系数值大于 1,奥肯认为原因在于

[①] Arthur M. Okun, "Potential GNP, Its Measurement and Significance", in *American Statistical Association*, Proceedings of the Business and Economics Statistics Section, 1962, pp. 98 – 103.

与失业率同时变动的其他因素也会影响产出。①图 5—1 报告了美国 1948—2013 年失业率变动与经济增长率季度数据，可见奥肯关系大体能显著成立。

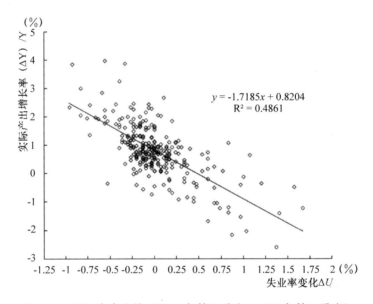

$$y = -1.7185x + 0.8204$$
$$R^2 = 0.4861$$

图 5—1   美国奥肯定律（1948 年第 2 季度—2013 年第 4 季度）

资料来源：美国经济分析局（Bureau of Economic Analysis, BEA）和美国劳工统计局（Bureau of Labor Statistics, BLS）。

20 世纪 70 年代末中国开始实施改革开放政策逐步建立市场经济体制架构，并取得 30 多年间年均增长率接近 10% 的巨大成就。随着市场化改革深入，20 世纪 90 年代后期中国失业压力加大，促使政府更加重

---

① 奥肯指出这些因素包括劳动参与率、劳动时间和劳动生产率等。例如，当经济繁荣与失业率下降同时，劳动时间也会因员工加班增加。

视就业政策目标，学术界出现不少文献研究奥肯定律模型与中国数据的关系。然而令人始料不及的是，如图1—8数据显示，中国GDP增长率与官方失业率数据之间并不存在标准奥肯定律所描述的显著反向关系。

研究人员从不同方面考察了奥肯定律在中国的适用性问题。一些学者发现，中国城镇登记失业率变化和经济增长率之间没有显著关系，实际GDP增长率与失业率变动情况与奥肯定律假设形态有相当大偏离。[①] 也有研究指出，中国经济增长率与就业人数增长率呈现负向关系表明奥肯定律在中国失效[②]。一些学者对奥肯定律的经验形式设立差分、缺口和不对称性等五种版本模型分别加以检验，结果发现都不适合中国情形[③]。还有研究区分扩张期和衰退期估计奥肯方程，发现失业率对增长率系数值极小，增长率偏离趋势值约20个百分点，失业率变动才约1个百分点，扩张阶段系数为正号与理论假说不一致[④]。还有利用三次产业数据分别估计三产业奥肯方程，结果发现第一、二产业有显著奥肯关系，第三产业奥肯系数估

---

① 姜巍、刘石成：《奥肯模型与中国实证（1978—2004）》，《统计与决策》2005年第24期；李含、蒲晓红：《奥肯定律在中国的适用性分析》，《商业研究》2009年第6期。

② 尹碧波、周建军：《中国经济中的高增长与低就业：奥肯定律的中国经验检验》，《财经科学》2010年第1期。

③ 方福前、孙永君：《奥肯定律在我国的适用性检验》，《经济学动态》2010年第12期。

④ 林秀梅：《我国经济增长率与失业率的非线性动态关联研究——奥肯定律重新审视》，《数量经济研究》2006年第1期。

计符号为正，与奥肯定律预测含义相背离[①]。

上述有关失业率与宏观经济波动关系的基本经验事实以及研究结果都显示，把现有教科书奥肯定律模型直接套用到中国会"水土不服"。出现这一现象的根源何在？中国奥肯关系的真实形式是什么？基于对中国劳动力市场与宏观经济周期波动特殊关联形态的经验观察，本章认为对于中国这样的转型经济体，农业劳动力转移相对其长期趋势的短期变动是体现劳动力市场与宏观经济周期联系的关键变量。

例如图1—9数据显示，中国就业转型背景下农业劳动力趋势性减少，然而特定年份减少数量相对其趋势多少则与GDP增长率衡量的宏观周期变动存在显著联系：宏观经济较快增长年份，一产就业人数减少较快；紧缩增速较低年份，一产就业人数减少较慢。又如图5—2数据显示，非农就业变动与宏观经济周期存在显著正向关系。就业转型意味着非农就业趋势性增长，然而非农就业增长快慢与宏观经济周期变动存在正向显著联系：宏观经济增速较高年份，非农就业增长较多；经济增速较低年份，非农就业增长较少。

因此，要理解处于转型期中国劳动力市场与宏观经济周期变动关系，须突破标准教科书奥肯模型仅用失业率表示劳动市场变动的限制，适当引入农业劳动力转移变量建构广义奥肯定律模型。相对广义奥肯模型，标准奥肯模型只是适用于发达国家的特例情形。对

---

① 邹薇、胡翾：《中国经济对奥肯定律的偏离与失业问题研究》，《世界经济》2003年第6期。

中国奥肯定律不适之谜现象探究，有机会超越教科书标准模型基本
假设，发现适用于不同发展阶段经济体劳动力市场与宏观经济波动
之间更为一般性的联系方式。为此，本章推导广义奥肯模型，以广
义奥肯定律视角实证分析中国奥肯关系，并利用跨国面板数据检验
广义奥肯定律。

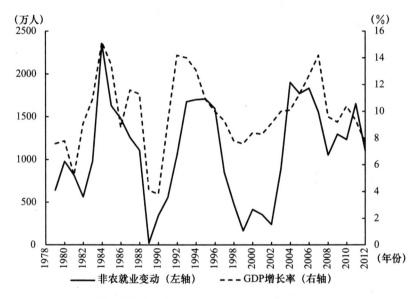

图5—2　中国非农产业就业变动与 GDP 增长率（1979—2012 年）

说明：非农就业指第二、第三产业就业。数据来自历年《中国统计年鉴》。

　　本章结构安排如下：第二小节介绍分析思路与推导广义奥肯模
型。第三小节以广义奥肯定律视角实证分析中国奥肯关系。第四小
节利用跨国面板数据检验广义奥肯定律。第五小节是结论和政策
建议。

◇◇ 第二节 分析思路与模型推导

一 研究思路分析

基于对中国劳动力市场与宏观经济周期波动关联性的经验观察，我们对中国奥肯关系提出两点讨论。第一，我国作为经济与成长结构快速转变的经济体，存在大规模持续的农业劳动力转移，因而宏观经济周期波动与农业劳动力转移速度存在密切关系。农业劳动力向非农部门转移，通过非农部门就业变化影响经济增长；反过来，经济增速波动也会通过非农劳动需求变化制约农业劳动力转移规模和节奏。第二，在本章研究对象时期，有意义的失业率统计对象大体是指城镇人口失业现象。① 城乡分割的户口制度使得城镇人口就业一定程度对宏观经济波动产生屏蔽作用。另外，相对独立于宏观波动的体制与政策变动，如改革初期知青回城潮和上世纪末国企改革突破，会造成城市就业形势特定时期较大困难。中国城镇失业率定义及其变动特点，使得仅关注经济增长率与失业率关系的标准奥肯定律运用到我国会出现"水土不服"情况。

以往学者研究发现标准奥肯定律在中国失效并寻求修正办法。

---

① 在农村普遍实行家庭土地承包制环境下，绝大部分农户拥有一定面积承包地，因而很难定义有操作意义的农业劳动力失业率。事实上也没有可以利用的农业失业率时间序列数据。

一些学者从失业率数据的角度分析奥肯定律失效归因，尝试采用其他失业率替代指标①。也有部分学者从就业角度出发，考察就业人口指数或就业量代替失业率与经济增长关系即变形的奥肯定律②。这类研究对于认识中国失业现象及适当度量方法都具有积极意义。不过教科书奥肯模型以成熟的发达国家为现实原型，忽略了劳动力转移这个结构性变量反应的劳动力市场运行特征，难以真正破解奥肯定律在中国不适之谜。黎德福认识到农业劳动力转移对研究中国奥肯关系的重要性，将农业劳动力转移纳入了分析奥肯关系框架，构造了包含劳动力转移的奥肯关系模型，并在估计我国农业劳动力转移率基础上检验了相关数据③。黎德福的文献是研究中国奥肯关系具有独到见解的重要文献，不过也存在一些有待探讨完善的问题：如在模型推导上假定农业对经济增长没有贡献的方法是否适当可探讨；人口"四普"结果带来的 1990 年劳动力数据激增问题有待适当处理；失业率指标直接采用官方公布的城镇登记失业率需根据我国劳动市场实际情况进行适当调整。

本章在借鉴相关研究成果基础上，明确提出和检验广义奥肯定律，并进一步细致研究中国奥肯关系。主要在两方面加以拓展与深化。一是在明确提出广义奥肯定律概念并推导相关模型表达基础

---

① 蔡昉：《中国就业统计的一致性——事实和政策含义》，《中国人口科学》2004 年第 3 期。

② 邹薇、胡翱：《中国经济对奥肯定律的偏离与失业问题研究》，《世界经济》2003 年第 6 期。

③ 黎德福：《二元经济条件下中国的菲利普斯曲线和奥肯法则》，《世界经济》2005 年第 8 期。

上，利用 100 多个国家跨国面板数据检验广义奥肯定律与广泛国际比较经验是否一致。二是对中国奥肯关系表述与估计尝试给以改进与完善。如模型推导不仅考虑劳动力转移对非农部门产出的影响，也同时考虑到该因素对农业部门产出的影响，即分析和检验劳动力转移对经济产出的总体影响。这一改进实际上将劳动力转移所带来的两部门生产率差异的经济效益显性化。另外在实证分析方面，更细致地考察我国失业率问题，在官方公布城镇登记失业率之外构建多种失业率指标进行回归分析。最后在劳动力转移指标数据处理方面，选用包括第一产业就业人数变动与农民工数量等不同度量指标，同时处理 1990 年劳动力数据激增问题，力求提升实证检验结果稳健性。

二 理论模型推导

本节推导适用于包括劳动力转型国家在内的更为一般的奥肯关系，即同时包含农业劳动力转移和失业率变化的广义奥肯模型。

设经济体由两部门组成，农业部门 a 和非农部门 b，经济活动人口分别为 N_{at} 和 N_{bt}；就业人口分别为 L_{at} 和 L_{bt}，生产函数分别为：$Y_{at} = a_t \times L_{at}$；$Y_{bt} = b_t \times L_{bt}$，其中 a_t 和 b_t 分别为农业部门和非农部门平均劳动生产率。经济总产出为：$Y_t = Y_{at} + Y_{bt}$，总就业为：$L_t = L_{at} + L_{bt}$，总体平均劳动生产率为：$c_t = \dfrac{Y_t}{L_t}$。为简化形式，以下分析均省略时间下标 t；变量上方加"•"表示该变量对时间求导。

总产出增长率：

$$g = \frac{\dot{Y}}{Y} = \frac{\dot{Y}_a + \dot{Y}_b}{Y} = \frac{Y_a}{Y}\frac{\dot{Y}_a}{Y_a} + \frac{Y_b}{Y}\frac{\dot{Y}_b}{Y_b} = \theta_a g_a + \theta_b g_b$$

其中，$g_a = \dfrac{\dot{Y}_a}{Y_a}$，表示农业部门产出增长率；$g_b = \dfrac{\dot{Y}_b}{Y_b}$表示非农部门产出增长率；$\theta_a = \dfrac{Y_a}{Y}$表示农业产出占全部产出的份额；$\theta_b = \dfrac{Y_b}{Y}$表示非农部门产出占全部产出的份额；$\theta_a + \theta_b = 1$，表示两个部门的产出份额之和等于 1。

设农业部门不存在"失业"，即：$L_a = N_a$；非农部门存在失业，$L_b = N_b - U_b = N_b - U$；两部门经济活动人口增长率均为 η。由于转型经济体存在大规模农业劳动力向非农部门持续转移（设劳动力转移总量为 M），因此非农部门就业增长由三部分组成，即非农部门经济活动人口自然增长 ηN_b、失业人口变动 $\dot{U}$ 和来自农业部门的劳动力转移增长 $\dot{M}$。因此，农业部门就业增长：$\dot{L}_a = \eta N_a - \dot{M}$，就业增长率：$\dfrac{\dot{L}_a}{L_a} = \dfrac{\eta N_a - \dot{M}}{L_a} = \eta - \dfrac{\dot{M}}{L_a}$；非农部门就业增长：$\dot{L}_b = \eta N_b + \dot{M} - \dot{U}$，就业增长率：$\dfrac{\dot{L}_b}{L_b} = \dfrac{\eta N_b + \dot{M} - \dot{U}}{L_b}$。

因此，总体经济增长率：

$$g = \theta_a g_a + \theta_b g_b$$

$$= \theta_a\left(\frac{\dot{a}}{a} + \frac{\dot{L}_a}{L_a}\right) + \theta_b\left(\frac{\dot{b}}{b} + \frac{\dot{L}_b}{L_b}\right)$$

$$= \theta_a(\varphi_a + \eta - \frac{\dot{M}}{L_a}) + \theta_b(\varphi_b + \frac{\eta N_b + \dot{M} - \dot{U}}{L_b})$$

$$= \left[\theta_a(\varphi_a + \eta) + \theta_b(\varphi_b + \frac{\eta N_b}{L_b})\right] + \left(\theta_b\frac{\dot{M}}{L_b} - \theta_a\frac{\dot{M}}{L_a}\right) - \theta_b\frac{\dot{U}}{L_b}$$

$$= \left[\theta_a(\varphi_a + \eta) + \theta_b(\varphi_b + \frac{\eta}{1 - u})\right] + \left(\frac{bL_b}{Y}\frac{L}{L_b}\frac{\dot{M}}{L} - \frac{aL_a}{Y}\frac{L}{L_a}\frac{\dot{M}}{L}\right) -$$

$$\theta_b\frac{\dot{U}}{L_b}$$

$$= \left[(\theta_a\varphi_a + \theta_b\varphi_b) + (\theta_a\eta + \theta_b\eta\frac{1}{1 - u})\right] + \frac{(b - a)}{c}\frac{\dot{M}}{L} - \theta_b\frac{N_b}{L_b}\frac{\dot{U}}{N_b}$$

$$= \beta_0 + \beta_1 m + \beta_2\dot{u}$$

其中，$\beta_0 = (\theta_a\varphi_a + \theta_b\varphi_b) + (\theta_a\eta + \theta_b\eta\frac{1}{1 - u}) \approx (\theta_a\varphi_a + \theta_b\varphi_b) +$

$(\theta_a + \theta_b)\eta = \varphi + \eta$；$\varphi_a = \frac{\dot{a}}{a}$ 表示农业部门劳动生产率的增长率，$\varphi_b =$

$\frac{\dot{b}}{b}$ 表示非农部门劳动生产率的增长率，$\varphi = \theta_a\varphi_a + \theta_b\varphi_b$ 为加权平均劳

动生产率增长率；$\beta_1 = \frac{b - a}{c} \geq 0$，反映劳动力从生产率低的农业部门

流向生产率高的非农部门会增加总产出；$m = \frac{\dot{M}}{L}$ 为农业劳动力向非农

部门的新增转移量占总就业的比重；$\beta_2 = -\theta_b\frac{N_b}{L_b} = -\theta_b\frac{N_b}{N_b - U} =$

$-\frac{\theta_b}{1 - u} \approx -\theta_b$；$u = \frac{U}{N_b}$ 即非农部门的失业人数与非农部门经济活动人

口之比，表示失业率，$\dot{u} = \frac{\dot{U}}{N_b}$ 反映失业率变化。

综上，本章可以得到奥肯定律的一般形式，即广义奥肯定律模型：

$$g = \beta_0 + \beta_1 m + \beta_2 \dot{u} \qquad (1)$$

其中，β_0 可解释为没有劳动力转移和失业率变化时的经济增长率，也等于劳动生产率增长率加上人口增长率。由于转型经济体存在持续的劳动力转移，所以潜在经济增长率应为：$g_n = \beta_0 + \beta_1 m_n = \varphi + \eta + \beta_1 m_n$，其中 m_n 为稳定的劳动力转移速度。由此得到广义奥肯定律的缺口模型：

$$g - g_n = \beta_1 (m - m_n) + \beta_2 \dot{u} \qquad (2)$$

广义奥肯定律有两点基本含义。一是认为刻画不同发展阶段经济体宏观经济周期与劳动力市场关系的更为一般广义奥肯关系应纳入劳动力转移变量，即劳动力转移比率（m）与失业率变动共同影响经济增长率。二是奥肯定律教科书标准模型适于比较发达经济体 m 变量影响式微后情况，可以看作上述广义模型的特殊情形。相比成熟经济体，转型国家的潜在增长率多了 $\beta_1 m_n$，实际经济增长率多了 $\beta_1 m$。

中国经济转型期情况更为特殊。考虑到我国独特体制条件一定程度会屏蔽宏观经济周期变动对城镇就业的影响，另外过去几十年间我国知青返城潮与国企改革突破等超越宏观经济周期范畴的因素对城镇失业率短期变化影响最大，因而城镇失业率变量对中国奥肯关系可能更缺少显著影响。由此推测适应中国转型期的奥肯关系经验形式为：

$$g - g_n = \beta_1 (m - m_n) \qquad (3)$$

随着劳动力转移过程的持续进行，我国农业劳动力占比会逐渐下降到接近发达国家水平；另外随着户口制度及相关领域改革的推进，我国城乡劳动力市场整合性将随之逐步提升；这些结构性因素消失有望使我国失业率变动与宏观经济波动之间联系变得更为紧密。当中国经济转型大体完成后，中国奥肯关系也应最终服从教科书模型形式：

$$g - g_n = \beta_2 \dot{u} \tag{4}$$

下面首先通过观察中国相关经验数据检验广义奥肯定律在中国的适用形式，然后利用跨国面板数据考察广义奥肯定律与广泛国际经验证据是否相符。

◇◇ 第三节　中国广义奥肯关系分析

本节利用广义奥肯模型与中国相关数据分析适用于转型期中国的奥肯关系。共包括三部分。一是介绍讨论劳动力转移变量的度量指标和数据，初步观察劳动力转移与宏观经济波动关系。二是讨论中国失业率指标，并补充构造三种用于计量分析的调整失业率指标。三是对包含劳动力转移和失业率变化的广义奥肯模型进行回归分析。

一　中国农业劳动力转移变量指标与度量

与广泛国际经验相一致，改革开放以来我国农业劳动力占比趋势性下降。过去一个多世纪，OECD 国家农业劳动力占比均值从 53% 趋势性下降到目前约 10%；我国农业劳动力占比从改革前夕超过 70% 下降到 2012 年的 33.6%，推测 2030 年将下降到接近 10%[①]。中国从业人员总数从 1978 年 4.63 亿人，增长到 2012 年 7.67 亿人，其中第一产业就业人数从 1978 年 3.27 亿人增长到 1991 年 3.91 亿人峰值，此后逐步下降到 2012 年 2.58 亿。[②]

与前文理论模型推导逻辑相一致，对农业劳动力新增转移量 $\dot{M}$ 及其比率 m 利用以下公式估测：

$\dot{M}$ = 非农部门就业变化量 + 失业人数变化量 – 上期非农劳动力乘以经济活动人口增长率。

2）m = $\dot{M}$ ÷ 上一年社会就业总量 × 100

这里劳动力新增转移数量 $\dot{M}$ 和比率 m 的计算方法与黎德福（2005）基本相同，不过计算 m 时采用社会总就业人数而不是二三产加总的非农就业量作为分母项指标。[③]

此外需要对 1990 年以前经济活动人口及各子项就业人口激增情况进行讨论并做适当调整。根据《中国统计年鉴》提供的经济活动人口数据，1990 年经济活动人口比 1989 年增加近 1 亿人，增长率高达 17.3%。对第四次全国人口普查带来的 1990 年经济活动人口统计值异常变动，采用以下方法进行调整：假定 1990 年经济活动人

---

① 卢锋、杨业伟：《中国农业劳动力占比变动因素估测：1990—2030 年》，《中国人口科学》2012 年第 4 期。

② 数据来自《中国统计年鉴（2013）》。

③ 黎德福（2005）计算转移率 m 的公式为：m = $\dot{M}$/上一年二、三产总就业 × 100，即分母项为非农部门就业。

口实际增长率等于前后两年经济活动人口增长率平均值，而1990年
之前各年经济活动人口增长率与统计年鉴提供的经济活动人口增长
率相符，从而得到调整的经济活动人口指标的时间序列数据。对年
末就业人员数据采用与经济活动人口类似方法加以调整。

　　图5—3报告的一产劳动力转移和一产劳动力转移占总就业比例
的估算结果显示，1979—2012年间我国平均每年农业劳动力转移数
量为718万人，转移率平均为1.08个百分点。图5—4报告了GDP
增长率与农业劳动力转移率关系，直观可见两者具有显著的正相
关性。

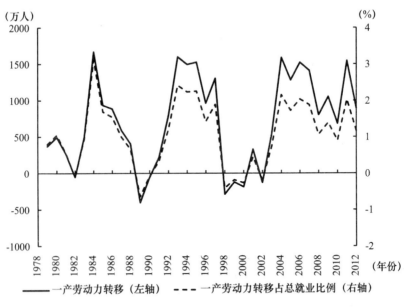

图5—3　中国一产劳动力转移及其占总就业比例

（1979—2012年）

资料来源：历年《中国统计年鉴》，经作者估算。

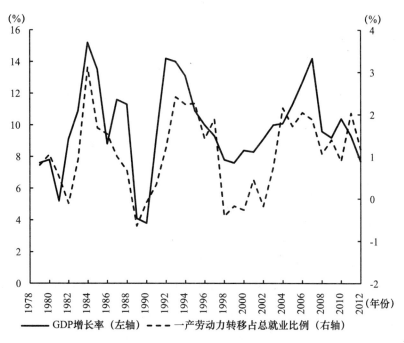

图5—4 中国 GDP 增长率与一产劳动力转移速度（1979—2012 年）

资料来源：历年《中国统计年鉴》，经作者估算。

　　此外，考虑到在中国特定体制环境下农业劳动力转移主体很大
程度采取了"农民工"形式，农民工数量提供了劳动力转移的又一
度量指标。卢锋介绍讨论了我国农民工转移及其阶段性特点①。受
数据可获得性制约，农民工数据起始时期为 1985 年。图 5—5 和图
5—6 报告农民工转移量与转移率并与经济增长率比较，显示农民工
转移速度与宏观经济周期变动也大体具有正向关系。

------

　　① 卢锋：《大国追赶的经济学观察——理解中国开放宏观经济（2003—2013）》
（上册），北京大学出版社 2014 年第 1 版。

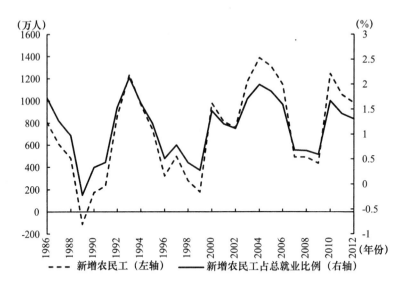

图5—5 中国新增农民工及其占总就业比例（1986—2012年）

资料来源：总就业人数见历年《中国统计年鉴》，1985—2010年农民工新增人数见卢锋（2014，上册，第469页图1），2011年和2012年农民工新增人数见国家统计局（2013）。

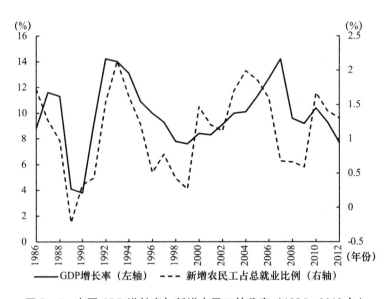

图5—6 中国GDP增长率与新增农民工转移率（1986—2012年）

资料来源：经济增长率数据见历年《中国统计年鉴》，新增农民工占总就业比例数据见图8。

二　中国城镇失业率指标讨论

在理论模型推导中，本章对失业率的定义是非农部门的失业数与非农部门经济活动人口之比，但在实证分析中，由于数据的限制，本章需要寻找相对合理的代理指标进行实证检验。我国官方公布的失业率指标为城镇登记失业率，[①]这一指标主要受到两方面质疑。一是该指标没有考虑农村劳动力可能失业情况，或假设农业劳动力没有失业。须理性务实地看待这个问题。一般认为中国农业存在大量剩余劳动力，主要指农业劳动力利用不够充分。不过在大部分农户仍保留一定面积承包土地条件下，农业劳动力利用虽比较粗放或不充分，然而与严格意义上失业的内涵仍有实质性不同。另外如果统计农业失业率，时间序列数据也会面临一些难以克服的操作困难。在可选择方法中，假设不存在农业劳动力失业，并在此基础上独立估算城镇失业率，相对同时考虑农业部门和城市部门失业率方法，可能是比较具有操作性并且误差较小方法[②]。

二是城镇失业人员没有考虑 20 世纪 90 年代以后数量增加的下

---

① 城镇登记失业率，即城镇登记失业人员与城镇单位就业人员（扣除使用的农村劳动力、聘用的离退休人员、港澳台及外方人员）、城镇单位中的不在岗职工、城镇私营业主、个体户主、城镇私营企业和个体就业人员、城镇登记失业人员之和的比。城镇登记失业人员是指有非农业户口，在一定的劳动年龄内（16 周岁至退休年龄），有劳动能力，无业而要求就业，并在当地劳动保障部门进行失业登记的人员。来源：国家统计局网站，http://www.stats.gov.cn/tjsj/zbjs/201310/t20131029_449543.html。

② 蔡昉：《中国就业统计的一致性——事实和政策含义》，《中国人口科学》2004 年第 3 期。

岗工人。对此应做一定调整，把下岗人员看作失业对象纳入失业率计算并形成失业率的备择指标数据。国际通用的失业率指标是遵循国际劳工组织（ILO）推荐的失业定义并通过抽样调查所得到的调查失业率，[①]可以在很大程度上克服上述问题[②]。据了解，虽然我国有关部门已采用国际劳工组织建议的就业概念实施调查失业率统计，领导人个别场合提到相关数据，但尚未系统公布时间序列数据。[③]

本章在官方公布的城镇登记失业率基础上，另构建三种调整的失业率指标。首先，对于失业率的分子项，在官方公布的城镇登记失业数基础上，加入下岗工人数量指标。其次，对于失业率的分母项，采用两种方法计算城镇经济活动人口：城镇经济活动人口 1 = 官方公布的失业人数/公布的失业率；城镇经济活动人口 2 = 城镇就业数 + 城镇失业数 + 下岗数。由此可获得以下三种口径不同的失业率指标：失业率 1 = 官方城镇登记失业率 = 登记失业数/城镇经济活动人口 1；失业率 2 = （登记失业数 + 下岗数）/城镇经济活动人

---

① 根据 ILO 的标准，不同年龄范围人口可定义性归入以下三种状态之一：就业者、失业者和非经济活动人口。其中，就业者是指那些在过去一周中从事了至少一个小时有收入的工作或者暂时离开了工作岗位的人；失业者则是指那些不工作、积极寻找工作且能够立即工作的人；非经济活动人口是那些不工作而又不能满足 ILO 失业标准的人（张车伟，2003）。

② 张车伟：《失业率定义的国际比较及中国城镇失业率》，《世界经济》2003 年第 5 期。

③ 2013 年 9 月，李克强总理在英国《金融时报》发表署名文章透露上半年调查失业率为 5% 左右。2014 年 6 月，李克强总理在两院大会上为两院院士做经济形势报告时，再次提到我国 3、4、5 月的调查失业率分别为 5.17%、5.15% 和 5.07%。网易财经：http://money.163.com/14/0611/17/9UFPN2DF00252G50.html。

口1；失业率3＝（登记失业数＋下岗数）／城镇经济活动人口2。通过以上处理，应该能在相当程度上克服官方登记失业率不能反映真实就业情况的问题。

本章调整失业率指标与调查失业率指标差异可能主要来自两个方面。一是可能仍有部分外来非户籍城镇非农就业人员没有进入现行失业率统计范围，二是登记失业与调查失业两种统计方法存在差异。调查失业率与目前登记失业率绝对水平可能显著不同，不过二者变动走势差别可能比较有限。有理由推测，采用不同失业率指标检验奥肯定律标准教科书模型对中国适用性，所得结论很可能没有本质差异。当然，应肯定缺乏较长期调查失业率数据对相关文献及本章研究结论都是一个限制，将来如能获得相关数据显然应当重新检验。

图5—7报告了包括城镇登记失业率在内的三种失业率数据。第一种官方失业率与第二种加入下岗人员的调整失业率，由可获得下岗人员数据时间期限决定，二者在早期（1978—1991）和后期（2007—2012）重叠。第三种估测方法对失业率分母指标数据进行了调整，因而每个年份都不同于官方失业率统计值。数据显示，我国城镇失业率两次较高值分别发生于改革初期与世纪之交前后，主要原因是知青大规模回城潮和国企改革突破伴随城镇失业人数短期较大幅度增长①。两个峰值期以外年份城镇失业率较低。可见在我国经济高速增长环境下解决传统城镇就业问题难点

---

① 当时对失业人员称作"待业"和"下岗"。

主要在于应对制度转型释放的失业压力，更为根本的问题是解决长期劳动力转移的挑战。失业率统计观察值的周期性特点不明显，因而仅用失业率估计奥肯关系难以解释宏观周期涨落与劳动市场变动的真实关系。

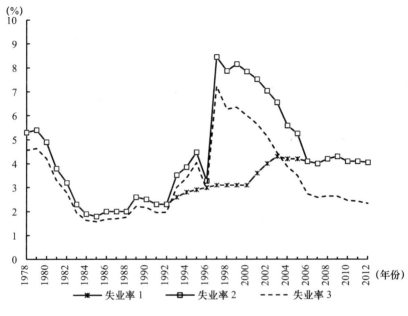

图 5—7 中国的失业率（1978—2012 年）

资料来源：历年《中国统计年鉴》，经笔者估算。

三 中国奥肯关系模型估计

本节根据广义奥肯模型（1），首先采用 m 表示的农业劳动力转移速度和三种失业率指标进行回归分析。由于本章使用了长期时间序列数据，因此，在回归分析之前，首先考虑数据的平稳性。为此，本章进行 ADF 单位根检验（Augmented Dickey-Fuller unit-root test）。具体检验过程如下：（1）首先按照 FPE、AIC 、HQIC 、SBIC 等信息准则确定滞后项数，包括常数项和趋势项；（2）根据确定的滞后项数进行单位根检验。具体检验结果详见下表 5—1。表 5—1 结果显示，经济增长率、劳动力转移速度（m）以及本章构建的两个失业率指标（失业率 2 和失业率 3）的变化均在 1% 的显著性水平上通过单位根检验，即没有单位根，数据是平稳的；劳动力转移速度（农民工）和失业率 1（城镇登记失业率）的变化也在 10% 的显著性水平上通过了单位根检验。

表 5—1　　　中国广义奥肯定律主要回归变量 ADF 单位根检验结果

检验 变量	信息准则确定滞后项数	检验统计量	P－值	1%临界值	5%临界值	10%临界值
经济增长率	5	－4.0F66 ***	0.007	－4.334	－3.580	－3.228
劳动力转移速度（m）	5	－4.107 ***	0.006	－4.352	－3.588	－3.233
劳动力转移速度（农民工）	1	－3.334 *	0.061	－4.371	－3.596	－3.238
失业率 1 变化	0	－3.251 *	0.075	－4.306	－3.568	－3.221
失业率 2 变化	0	－6.430 ***	0.000	－4.306	－3.568	－3.221
失业率 3 变化	0	－6.625 ***	0.000	－4.306	－3.568	－3.221

说明：原始数据来自中经网统计数据库；表中数据经作者估算。***、**、* 分别代表在 1%、5% 和 10% 的水平上显著。

表 5—2 报告了广义奥肯模型的估计结果，主要有以下三点发现：（1）m 系数显著而稳定，1 个百分点的 m 变动伴随 2.1—2.2 个百分点的 GDP 增长率同向变动。（2）三种口径的失业率变化项

的估计系数在5%的显著性水平上均不显著，只有失业率3在10%的显著性水平上显著，说明失业率统计指标对描述中国奥肯关系作用不够显著。（3）常数项的估计系数为7.5%—7.6%，大体可解释为没有大规模农业劳动力转移背景下中国经济的潜在增长率。

表5—2 　　　　　　　　　　中国广义奥肯定律回归结果

	模型1	模型2	模型3	模型4
劳动力转移速度（m）	2.093***	2.096***	2.158***	2.183***
	(0.335)	(0.346)	(0.332)	(0.334)
失业率1的变化		0.225		
		(1.165)		
失业率2的变化			−0.318	
			(0.195)	
失业率3的变化				−0.414*
				(0.239)
常数项	7.598***	7.603***	7.516***	7.474***
	(0.517)	(0.523)	(0.509)	(0.512)
	0.506	0.507	0.521	0.522
时间段	1979—2012年	1979—2012年	1979—2012年	1979—2012年

说明：原始数据来自中经网统计数据库；回归数据经作者估算。***、**、*分别代表在1%、5%和10%的水平上显著。

由于在中国特定体制环境下，农业劳动力转移主体很大程度采取农民工这一历史形式，农民工数据提供了农业劳动力转移的又一度量信息。表5—3报告了利用农民工转移指标的广义奥肯关系回归结果。结果显示，用农民工数据衡量的劳动力转移速度变量也高度显著，其估计系数略大于表5—2中m估计系数；常数项的估计系数和显著度比较接近。三种口径的失业率均不显著。不过由于数据样本期和指标定义差异，模型拟合度比表5—2中的m估计模型低一些。

表5—3　　　　中国广义奥肯定律回归结果（农民工转移指标）

	模型1	模型2	模型3	模型4
劳动力转移速度（农民工）	2.594 ***	2.517 ***	2.629 ***	2.622 ***
	(0.777)	(0.799)	(0.803)	(0.796)
失业率1的变化		-1.982		
		(2.029)		
失业率2的变化			0.123	
			(0.174)	
失业率3的变化				0.183
				(0.218)
常数项	7.182 ***	7.427 ***	7.136 ***	7.149 ***
	(0.975)	(1.073)	(1.024)	(1.014)
	0.313	0.336	0.316	0.317
时间段	1986—2012年	1986—2012年	1986—2012年	1986—2012年

说明：原始数据来自中经网统计数据库；回归数据经作者估算。*** 、** 、* 分别代表在1%、5%和10%的水平上显著。

上述回归分析结果显示，在我国改革开放转型发展阶段，失业率变动未能显著体现劳动力市场与宏观经济周期之间联系，农业劳动力转移不同指标变量则表现出显著的宏观周期性，凸显中国奥肯关系的结构性特点，同时也提示直接用现有奥肯定律标准教科书模型解释中国经验存在局限。不过依据前文对现有失业率数据局限性的讨论，上述研究结果仍有待结合未来可能公布的较长时期调查失业率数据进一步探讨。

◇◇ 第四节　多国数据检验

广义奥肯定律的基本思想，是认为劳动力市场与宏观经济波动的关联方式，不仅取决于标准教科书模型强调的失业率指标，而且受制于不同国家所处发展阶段特点以及农业劳动力转移对经济成长贡献的相对重要性。本节从比较国际经验角度对广义奥肯定律进行初步检验。首先在整理 100 多个样本国家跨国面板数据基础上估计广义奥肯模型的国际经验通式，并通过观察劳动力转移变量是否显著检验广义奥肯定律。然后依据农业劳动力占比把样本国家分为转型国与成熟国两个组别来分别估计广义奥肯方程，通过观察农业劳动力转移和失业率变量估计系数显著度差异来检验广义奥肯定律。

一　广义奥肯模型的国际通式

世界银行（WDI）数据库提供的各国 1980—2012 年经济增长和劳动力市场有关数据。本章在整理相关数据基础上，获得 104 个国家包括经济增长率、失业率①、农业劳动力占比、农业劳动力转移等指标的时间序列数据，其中劳动力转移速度指标 m 构建方法与上一节相同，最终获得104个国家（或地区）的非平衡面板数据。表5—4用于回归分析的主要回归变量跨国数据的统计描述。

表5—4 广义奥肯模型回归变量统计描述（1981—2012年）

变量名	观测值数	均值	中位数	标准差	最小值	最大值
GDP 增长率（%）	1575	3.54	3.65	4.12	-17.96	34.50
失业率（%）	1575	8.58	7.60	5.11	0.10	37.30
失业率变动（%）	1575	-0.01	-0.10	1.49	-12.00	10.80
农业就业比重（%）	1575	15.10	9.50	14.52	0.00	70.20
劳动力转移速度 m（%）	1575	0.33	0.20	1.37	-7.69	13.82

说明：世界银行 WDI 数据库，经作者估算，数据见卢锋等人（2014）附录1。

首先分别估计标准奥肯模型和广义奥肯模型，并通过观察农业劳动力转移变量估计系数是否具有显著正向关系来对广义奥肯定律进行初步检验。由于是非平衡面板数据，为兼顾最大限度地利用样

① 世界银行 WDI 数据库对失业率的基本定义是，"总失业人数占劳动力总数的比例；其中，失业人数是指目前没有工作但可以参加工作且正在寻求工作的劳动力数量。"同时，该数据库也指出，"各国对劳动力和失业人数的定义各有不同。"在理想的情况下，本节针对国际经验进行的实证分析最好采用与理论分析部分定义口径完全一致的失业率指标数据。但是实际上正如 WDI 数据库本身所指出的，各国对劳动力和失业人数的定义各有不同，最优的、完全一致的失业率指标数据现实情况下并不可得，因此，我们只能选择次优的、相对合理的代理指标进行实证分析。不过我们在回归分析中关注重点不是失业率水平本身而是失业率的变动，只要该指标在考察期内具有时间上的一致，其变动可以反映劳动力市场失业情况的变化，就是基本有效的。因而国别失业率指标细部差别造成的影响，应不足以影响分析结论的基本可靠性。

本信息和保证回归结果质量，本章对每个模型回归时，都分别采用了控制年份效应的最小二乘回归（OLS）和固定效应面板回归（FE）两种回归方法。

表5—5给出归结果。两种回归方法估计结果具有一致性，说明回归结论稳健。其中，失业率变动指标在标准奥肯模型和广义奥肯模型中都显著为负，且系数稳定；在广义奥肯模型中，劳动力转移速度指标显著为正，系数大小也比较稳定。表5—5回归结果说明，失业率变化和农业劳动力转移都是联系宏观经济周期与劳动力市场变动的重要变量，在分析奥肯关系及相关就业政策时，不应遗漏农业劳动力转移变量。

表5—5   广义奥肯模型基准回归

模型 变量	模型1：标准奥肯模型		模型2：广义奥肯模型	
	OLS	FE	OLS	FE
失业率变动	−1.102 ***	−1.041 ***	−1.170 ***	−1.093 ***
	(0.0886)	(0.121)	(0.0875)	(0.119)
劳动力转移速度			0.469 ***	0.322 ***
			(0.0803)	(0.0780)
常数项	3.564 ***	3.820 ***	3.054 ***	3.433 ***
	(0.507)	(0.460)	(0.509)	(0.462)
年份效应	Yes	Yes	Yes	Yes
观测值数	1,575	1,575	1,575	1,575
R^2	0.327	0.408	0.350	0.420
个体数	104	104	104	104

说明：原始数据来自WDI数据库；回归数据经笔者估算。*** 、** 、* 分别代表在1%、5%和10%的水平上显著。

考虑农业就业比重是衡量一国劳动力转型阶段的关键变量，劳动力市场结构变量与经济增长率之间联系可能会受到农业就业比重的影响，本章在上述估计方程中加入农业就业比重与失业率变动以及劳动力转移速度交叉项，以考察一国农业就业比重是否会加强或减弱失业率变动和劳动力转移速度变量与经济增长率的关系。

表5—6给出了加入交叉项的回归结果。结果显示，失业率变动与农业就业比重的交叉项显著为正，表明农业就业比重越高的国家，失业率变动与经济增长率的负向相关关系越弱，从而说明在劳动力转型国家，宏观经济周期对就业市场的影响一部分反映在劳动力转移上，从而减弱了与失业率的关联度。由于劳动力转移速度本身已经反映了劳动力转型的特征，所以其与农业就业比重的交叉项并不显著。此外，在OLS回归中，农业就业比重本身的系数也显著为正，说明经济发展阶段越落后的国家，经济增长率越高，反映了经济增长的收敛效应。在固定效应回归中该系数不显著，可能是因为固定效应回归通过控制个体效应，本身已经控制了这一效果。

表5—6　　　　　　　　　　　广义奥肯模型拓展回归

模型 变量	模型3：广义奥肯模型拓展	
	OLS	FE
失业率变动	− 1.364 ***	− 1.349 ***
	(0.115)	(0.149)
劳动力转移速度	0.387 ***	0.296 **
	(0.135)	(0.117)

模型 变量	模型3：广义奥肯模型拓展	
	OLS	FE
农业就业比重	0.0565 ***	− 0.00269
	(0.00731)	(0.0449)
失业率变动 × 农业就业比重	0.0160 **	0.0175 **
	(0.00723)	(0.00677)
劳动力转移速度 × 农业就业比重	− 0.00165	− 0.000363
	(0.00461)	(0.00433)
常数项	2.235 ***	3.495 ***
	(0.511)	(0.912)
年份效应	Yes	Yes
观测值数	1,575	1,575
R^2	0.390	0.427
个体数	104	104

说明：原始数据来自 WDI 数据库，回归数据经作者估算。*** 、** 、* 分别代表在 1%、5% 和 10% 的水平上显著。

二 样本国分类型回归分析

下面以样本期内农业就业比重某一水平为划分标准，将样本国分为转型国和成熟国两个子样本，分别进行上述回归分析，通过观察子样本回归方程中劳动力转移与失业率变量相对显著度和重要性以进一步检验广义奥肯定律。本章以 10% 为分界点，将样本期间农业就业比重平均水平高于 10% 看作转型国，低于 10% 为成熟国，从而将样本分为转型国家和成熟国家两个子样本，分别对二者进行广义奥肯模型回归分析。①考虑交叉项在整体样本分析中具有显著影响，下面分样本回归分析时也引入交叉项变量。

表5—7回归结果显示，在转型国家奥肯模型中，失业率变动和劳动力转移速度两个指标都非常显著；而在成熟国家奥肯模型中，失业率指标非常显著，但是劳动力转移速度指标不再显著，与广义奥肯定律包含的理论预期具有一致性。转型国的回归方程还显示，农业就业比重及其与失业率变动的交叉项也非常显著，与表5—5基准回归有关结果一致。在成熟国回归方程中，劳动力转移速度指标不显著，一产就业占比交叉项也不再显著，只有失业率指标非常显著，且回归系数值明显变大。以上结果显示，广义奥肯方程在不同国家具体实现形式与劳动力转型这个结构变量具有重要联系：对于农业劳动力持续转移的转型国家，失业率变动和劳动力转移速度都是奥肯关系的基本变量；然而随着农业劳动力转移进程大体结束，劳动力转移速度指标失去显著性，广义奥肯关系收敛为标准模型形态。

表5—7　　　　　　　　广义奥肯模型样本国分类型回归

模型 变量	转型国		成熟国	
	OLS	FE	OLS	FE
失业率变动	− 1.689 ***	− 1.677 ***	− 1.179 ***	− 1.256 ***
	(0.199)	(0.289)	(0.188)	(0.222)

① 本节也尝试以农业就业比重初始水平是否高于10%为划分标准，进行转型国和成熟国的子样本广义奥肯模型回归分析，所得结果与本节采用方法基本一致，不再赘述。

模型　　　　　变量	转型国		成熟国	
	OLS	FE	OLS	FE
劳动力转移速度	0.580 **	0.577 ***	0.0955	0.0777
	(0.230)	(0.204)	(0.225)	(0.158)
农业就业比重	0.0649 ***	0.0617	−0.0269	0.0439
	(0.0116)	(0.0570)	(0.0351)	(0.168)
失业率变动×农业就业比重	0.0282 ***	0.0294 ***	0.000504	0.0273
	(0.00928)	(0.00970)	(0.0290)	(0.0350)
劳动力转移×农业就业比重	−0.00704	−0.00731	0.0365	0.0108
	(0.00611)	(0.00552)	(0.0290)	(0.0269)
常数项	1.739	1.833	2.665 ***	2.498 **
	(1.072)	(2.168)	(0.614)	(1.041)
年份效应	Yes	Yes	Yes	Yes
观测值数	773	773	802	802
R^2	0.392	0.423	0.382	0.483
个体数	59	59	45	45

说明：原始数据来自 WDI 数据库，回归数据经作者估算。***、**、* 分别代表在1%、5%和10%的水平上显著。

前面有关我国广义奥肯方程中估计结果显示，农业劳动力转移变量系数高度显著，从广义奥肯定律理论视角看已对我国当代劳动力市场与宏观经济周期之间联系这个奥肯定律的本质关系提供了实证经验描述，从而解释了采用标准奥肯定律模型难以发现宏观经济与劳动力市场之间合规律联系的令人困惑结果。然而失业率指标不显著，这和转型与发展中国家多国模型中失业率变量估计结果仍不相同。对此我们从改革开放时期我国劳动力就业体制与政策阶段性特点角度提出几点观察讨论。

第一，受计划经济时期城乡分割二元体制影响，本章分析时期我国在户口及劳动力就业方面仍不同程度实行有利于城市居民而歧视农民工的特殊体制和管制政策，使得城镇户籍劳动力就业不同程度对宏观经济波动产生屏蔽效应，可能会显著降低失业率指标响应宏观经济波动的灵敏程度。

第二，上述体制下农业劳动力群体在外出打工与回乡务农两大部门就业状态之间具有相当大转换性，"农民工"这个看似逻辑矛盾的流行名词折射上述特点。这使得农业转移劳动力更多发挥了调节劳动力整体供求关系的"缓冲带"或"蓄水池"作用。宏观经济周期涨落更多通过劳动力转移得到反应，客观上削弱了失业率变量反应的显著程度。

第三，我国改革时期导致城镇失业率指标大幅度飙升的两次重要冲击，分别是改革初期知青回城潮与上世纪末国企改革突破伴随的城镇就业形势阶段性困难。引发城市失业压力加大的这两次制度和政策变动，都相对独立于奥肯关系所重视的宏观经济短期变动，也会妨碍失业率在奥肯关系中显著表现出与理论推测相一致的影响。

第四，现有失业率统计指标不完善，未能更好反映实际就业状况，可能也是导致失业率指标不显著的原因之一。

◇◇　第五节　结论

针对教科书奥肯定律标准模型不适用中国经验数据现象，本章通过引入农业劳动力转移变量提出广义奥肯定律概念，并利用中国经验数据以及包含100多个国家样本的跨国面板数据对广义奥肯定律进行实证检验。

广义奥肯定律的基本思想认为，一国劳动力市场与宏观经济波动的关联方式，不仅取决于标准教科书模型强调的失业率指标，而且受制于不同国家所处发展阶段特点以及农业劳动力转移对经济成长贡献的相对重要性。仅包含失业率变量的教科书奥肯模型适用于已完成劳动力转移的发达国家，适用于广大转型经济体的奥肯模型则应包括农业劳动力转移这一关键结构变量，因而可以把教科书标准模型看作广义奥肯定律的特例。

利用100多个样本国家面板数据，本章对广义奥肯模型进行初步检验并得到以下几点结果。首先，利用全部样本对广义奥肯关系回归肯定了失业率变量的显著性，同时显示劳动力转移速度指标显著为正，系数大小也相对稳定，说明失业率变动和农业劳动力转移都是联系宏观经济周期与劳动力市场的重要变量。其次，在广义奥肯关系估计方程中加入农业就业比重指标、农业就业比重与失业率变动以及劳动力转移速度交叉项进行回归，结果肯定劳动力转移因素重要性。最后，以农业就业比重为标准将样本国划分为转型与发展中国家、经济发达国家分别进行回归分析，两个子样本劳动力转移与失业率变量估计结果差异与广义奥肯定律理论假说一致。

在广义奥肯定律概念基础上估计的中国奥肯关系方程显示，农业劳动力转移相对其趋势变动与宏观经济周期涨落之间存在显著联系，采用不同劳动力转移和失业率度量数据的估计方程中，劳动力

转移估计值都相当稳定并高度显著。广义奥肯定律有关劳动力转移
与宏观经济周期存在显著联系的理论假说得到我国相关经验数据支
持，解决了采用标准奥肯定律模型难以发现宏观经济周期与劳动市
场变动之间本应存在联系的困惑。与发展中国家奥肯关系估计方程
比较，我国估计方程中失业率指标表现仍不相同，则可以从我国转
型期劳动就业体制与政策特殊背景方面加以解释。

　　本章研究拓宽了对劳动市场与宏观经济周期变动关系一般形式
的理解。这个案例显示，对中国转型时期某些重大特征现象探究，
可能使我们有机会超越传统教科书标准模型基本假设限制，加深对
现代经济环境下某些宏观经济变量关系的规律性认识。另外，对中
国奥肯关系的实证分析，凸显我国失业率变动以及劳动力转移在特
定体制和政策环境下所呈现的某些特征属性。中国奥肯关系估计方
程结果，则为讨论和评估不同时期劳动力市场与宏观经济波动内在
联系和规律，提供了一个经验性认识参照或基准。

第 六 章

关于农业劳动力转移的政策启示

◇◇ 第一节　本书结论和政策建议

本书首先梳理了中国经济发展的三大基本特征事实：第一，改革开放以来，中国一直保持着超高的投资率，然而中国的资本回报率不仅没有下降，反而在近二十年来呈现出持续上升的趋势；第二，改革开放以来，中国国民储蓄率一直稳中有升，进入新世纪后上升速度加快，近年小幅回落；第三，中国 GDP 增长率与失业率数据之间不存在奥肯定律所描述的显著反向关系，显示中国宏观经济周期与劳动力市场变动之间缺少应有联系。在此基础上，本书从农业劳动力转移的视角，解释了中国经济发展上述三大特征事实，并得到一些基本结论和政策建议。

第一，本书以内生视角重新审视中国经济结构转型，在突出农业劳动力转移和技术溢出效应基础上，构建扩展的二元经济模型来解释中国高投资率与回报率上升并存现象。本书扩展模型放松了"知识溢出模型"对技术溢出效应的单位弹性假设，提出了处于不同发展阶段的经济体维持不变或增长的资本回报率所要求的"强条件"和"弱条件"。理论研究发现，劳动力转移因素使资本回报率上升对技术溢出效应的要求由强条件降为弱条件，劳动力转移与技术溢出效应结合是解释中国资本回报率持续上升现象的关键。实证分析发现，中国技术溢出效应满足弱条件，并与劳动力持续转移共同支撑资本回报率上升。

第二，本书在二元经济框架下，从农业劳动力转移的角度探讨中国家户储蓄率和国民储蓄率上升的原因。该文建立了一般均衡模型分析家户的消费储蓄决策，将总储蓄率分解为城市居民、农民工和农民三类群体的储蓄率。由于社会保障水平和收入水平的差异，农民工的边际储蓄倾向比农民和城镇居民高。在农业劳动力向非农部门持续转移的进程中，农民工群体随着非农部门的资本积累而不断扩大，其高储蓄行为也推动了家户储蓄率和国民储蓄率的上升。

第三，基于对中国宏观经济周期与劳动力市场转型关系的经验观察，本书提出引入农业劳动力转移因素的广义奥肯定律概念，并结合分析中国经验数据解释奥肯定律中国不适之谜现象。广义奥肯定律适用形态与经济发展阶段有关，仅包含失业率变量的教科书奥肯模型适用于已完成劳动力转移的发达国家，适用于更多转型经济体的奥肯关系还应加入农业劳动力转移变量。中国独特体制环境使得城镇失业率与宏观周期变动之间缺少显著联系。本书还利用跨国面板数据对广义奥肯定律进行初步检验。

本书研究成果对理解中国经济发展阶段特点及未来演变趋势具有借鉴意义。第一，中国近年来资本回报率上升及经济持续高速增长，一方面得益于投资生产过程中的技术溢出效应，另一方面也因为农业劳动力转移的支撑作用。中国目前农业劳动力占比仍在30%以上，与发达国家通常达到10%以下的稳态水平相比，中国农业劳动力在未来20年仍有很大的转移潜力。然而，近年农民工调查监测报告显示，中国农业劳动力转移已出现放缓势头。根据本书研究，中国技术溢出效应只满足弱条件，单独不足以支撑资本回报率的上升或维持。随着劳动力转移高潮逐渐过去，中国需要创造出新增长机制以保证整体资本回报率维持在较高水平。因此，在政策上还有很大的调整空间。目前仍应积极实施促进农业劳动力转移政策，充分发挥劳动力转移与技术溢出提升资本回报率的组合效应，延续经济高速增长时期。同时应制定实施促进技术创新的政策，提高技术溢出效应水平，为未来满足资本回报率强条件做好准备。

第二，中国过高的储蓄率已经造成了中国内外部结构严重失衡，甚至在一定程度上导致了全球性结构失衡，引发房价泡沫及金融危机。本书从家户储蓄的角度解释了中国储蓄率高涨的原因，由此也得到了缓解结构失衡的思路。根据本书的研究，缩小城乡居民所享有的社会医疗保障水平差距将是提高居民消费水平、降低储蓄率的有效措施。劳动力转移之所以推高了家户储蓄率，原因在于农民工群体尽管收入有了较大提高，但所享有的社会医疗保障水平仍然很低，因而其预防性储蓄倾向仍然很高，没有将增加的收入转换为有效的消费。因此，通过建立统一的社会医疗保障体系，提高农村居民享有的社会医疗保障水平，可以促进农民、特别是农民工群体的消费，降低家户储蓄率，从而也有助于降低国民储蓄率。此外，通过提高农民工群体的社会医疗保障水平，也会增加企业的用工成本，减少企业大量的剩余利润，降低企业储蓄率，进而降低国民储蓄率。从社会学的角度上讲，建立统一的社会医疗保障体系也是实现社会公平的需要。作为具有平等权利的公民，理应享有平等的社会医疗保障权益。而在城乡收入差距日益扩大的背景下，缩小城乡居民所享有的社会医疗保障水平差距也有助于缩小城乡居民实际收入差距。除了建立统一的社会医疗保障体系外，降低农业劳动力转移成本也是降低储蓄率的一个有效措施。根据本书的研究，城乡劳动力转移成本越大，则农民工与农民的劳动报酬差距越大，在劳动力转移的过程中，农民工全社会总储蓄额增长率的贡献比总劳动报酬增长率更大，因而带来全社会总储蓄率的上升。因此，降低农业劳动力转移成本，不仅可以促进劳动力转移，支持非农部门发展，还可以缩小农民工与农民的劳动报酬差距，减少劳动力转移带来的储蓄率上升效应。从政策层面上，政府可以通过加强有利于促进劳动力转移的基础设施建设，保障农民工进城务工的各项权益等措施等，从而有效地减少劳动力转移成本。

第三，针对教科书奥肯定律标准模型不适应中国经验数据现象，本书通过引入农业劳动力转移变量提出广义奥肯定律概念，并利用中国经验数据以及包含100多个国家样本的跨国面板数据对广义奥肯定律进行实证检验。广义奥肯定律的基本思想认为，一国劳动力市场与宏观经济波动的关联方式，不仅取决于标准教科书模型强调的失业率指标，而且受制于不同国家所处发展阶段特点以及农业劳动力转移对经济成长贡献的相对重要性。仅包含失业率变量的教科书奥肯模型适用于已完成劳动力转移的发达国家，适用于广大转型经济体的奥肯模型则应包括农业劳动力转移这一关键结构变量，因而可以把教科书标准模型看作广义奥肯定律的特例。本书研究有助于拓宽对劳动力市场与宏观经济周期变动关系一般形式的理解，显示对中国转型期某些重大特征现象探究，可能使本章有机会超越传统教科书标准模型基本假设限制，加深对某些宏观经济关系的认识。另外，对中国奥肯关系的实证分析，凸显我国失业率变动以及劳动力转移在特定体制和政策环境下所呈现的某些特征属性。中国奥肯关系估计方程结果，则为讨论和评估不同时期劳动力市场与宏观经济波动内在联系和规律，提供了一个经验性认识参照或基准。

第四，可转移农业劳动力数量仍然庞大，潜在的"转型红利"仍将长期发挥巨大的增长效应，对于中国能否顺利走过中等收入陷阱的前景也不必悲观。例如，提高基础设施建设水平是促进农业劳动力转移的有力措施，也是工业化、城市化至关重要的物质基础。尽管中国基础设施规模近年来有快速增长的势头，但从国际比较来看，基础设施水平依然偏低。在宏观经济不景气时，政府可以择机加强基础设施建设，加大能够提高经济效率和有效促进农业劳动力转移的基础设施投资。从短期来看，作为政府扩张性财政政策的一种手段，在目前经济增速放缓的情况下，基础设施投资可以拉动国内需求，防止经济过度下滑；从中长期来看，基础设施规模的扩大可以提高经济运行效率，促进农业劳动力转移，缩小城乡收入差距，为顺利实现经济转型创造有利的条件，也为中国城市化和现代

化打好基础。当然，在具体实施过程中，也要注重优化政府主导的
基础设施投资的方向和结构，适当鼓励一部分民营资本进入，以进
一步发挥基础设施在改进生产效率和改善居民收入分配方面的
作用。

　　第五，在经历了长达30多年的高速经济增长之后，中国经济进
入了优化经济增长速度和结构调整的关键阶段。一方面，中国尚有
大量农业劳动力有待转移，2013年农业劳动力占比仍高达30%以
上；另一方面，近年来东部沿海发达省份频频遭遇"用工荒"：尽
管用工工资在迅速上涨，许多企业依然发现用工紧张，这已成为中
国企业国际竞争力不断下降的一个重要因素。因此，未来需要继续
推动农业劳动力转移对中国经济高速增长发挥基础性作用，并需重
点关注以下两点。第一，推动农业劳动生产率提升，发挥支撑性作
用。在改革开放体制转型推动下，过去30多年中国经济出现年均约
10%的高速增长，并随着中国经济结构向工业化和城市化方向快速
转变，从国际比较意义上的最贫困国家初步跻身中等收入国家行
列。这一切都是在农业生产函数快速嬗变和农业生产能力趋势性提
升基础上取得，未来中国经济平稳转型仍须依赖农业生产率持续提
升。第二，农业劳动力转移驱动因素继续发挥积极推动作用。根据
本研究，提高基础设施和资本回报率水平、促进经济增长等可以显
著促进农业劳动力转移，而降低国有企业比重或促进私营部门发
展、纠正现行有偏的金融发展和公共教育支出等也有利于促进劳动
力转移。

◇◇ 第二节　未来研究方向

本书从农业劳动力转移的视角分析中国经济，解释了中国经济发展三大基本特征事实，对于认识中国经济发展机制取得一些成果。但是限于作者学识以及如数据可得性等客观条件限制问题，本书仍然存在以下几方面不足，有待进一步改进，也是本书未来研究方向。

第一，本书研究对于中国经济发展机制的理解仍然不够全面和系统。本书构建理论模型和实证分析解释了中国经济一些方面，但是还有很多重要的问题没有来得及深入分析。比如本书虽有涉及产业结构转型，并重点分析了农业占比的下降，但是产业结构转型还有更为丰富的内涵，特别是服务业比重的上升，本书没有对此展开分析，这也是未来需要进一步深化的方向。此外，本书以农业劳动力转移为切入点分析经济发展的几个主要方面，但是各方面之间的联系没有进行紧密分析。为突破这一点，未来需要进一步整合全书架构。

第二，本书研究主体是一个大型封闭经济体，没有讨论中国的对外部门。然而，作为世界第二贸易国以及第三大对外直接投资国，中国经济与世界存在很强的互动。本书作者也曾专文分析中国对外直接投资和贸易的关系，深知对外部门的重要性，但在本书中却未能合理地引入其中，这是作者未来进一步努力改进的重点方向。

第三，由于数据可得性或其他条件限制，本书还存在一些暂时无法解决的问题，有待未来客观条件改善时做进一步探讨。比如，本书第五章依据理论分析逻辑，分别利用多国数据和中国数据估计了广义奥肯模型。其中多国数据显示，农业劳动力转移和失业率都与理论模型预测相一致的显著关系，支持广义奥肯定律的理论推测。然而，对中国奥肯关系模型估计结果显示，虽然农业劳动力转移与宏观经济波动具有显著的与理论预测相一致的正向关系，但中国失业率变量估计结果却仍不显著。在本书对此给出的四点解释中，其中一点是我国失业率数据不完善的可能影响。中国失业率指标不显著是一个值得探讨的问题，然而由于全国层面的调查失业率历史数据并不可得，本书无法对这一猜测进行验证，大大限制了本书研究结论。随着国家统计局逐渐公布调查失业率数据，本书研究可进一步深化。

总之，本书研究还停留在初级阶段，需要进一步的深化，乃至在行文上都还有很大的改善空间。可惜作者志大才疏，愿抛砖引玉，供各位同人批评讨论。

第四章引理证明

◇◇ 引理 3 的证明

1）由 $\beta > \varphi(\theta)$，$W(K) \geqslant 0$，$L \geqslant 0$，知 $F(K) \geqslant 0$。

且 $F(K)$ 在全空间连续，由极限保号定理，知 $\lim\limits_{K \to 0} F(K) \geqslant 0$。

2）当 $K \in (0, K_0)$ 时，不存在劳动力转移，则

$$F'(K) = \frac{\beta - \varphi(\bar{\theta})}{1 + \beta} W_u'(K) L_u + \frac{\beta - \varphi(\underline{\theta})}{1 + \beta} W_a'(K) L_a \qquad (29)$$

其中，

$$W_u'(K) = \frac{1 - \alpha}{1 + \varphi(\bar{\theta})} \alpha K^{\alpha-1} (A_u L_u)^{-\alpha} A_u \qquad (30)$$

$$W_a'(K) = 0 \qquad (31)$$

显然，$F'(K) > 0$。

当 $K \in (K_0, \infty)$ 时，

$$F'(K) = \frac{\beta - \varphi(\bar{\theta})}{1 + \beta} W_u'(K) L_u + \frac{\beta - \varphi(\underline{\theta})}{1 + \beta} W_m'(K) L_m(K) + \frac{\beta - \varphi(\underline{\theta})}{1 + \beta}$$

$$W_m(K)L_m'(K) + \frac{\beta - \varphi(\underline{\theta})}{1 + \beta} W_a(K)L_a(K) + \frac{\beta - \varphi(\underline{\theta})}{1 + \beta} W_a(K)L_a'(K)$$

其中，$W_u'(K) > 0$，$W_m'(K) > 0$，$W_a'(K) > 0$，$L_m'(K) > 0$，且 $L_a'(K) = - L_m'(K)$。

将式整理得，

$$F'(K) = \frac{\beta - \varphi(\overline{\theta})}{1 + \beta} W_u'(K)L_u + \frac{\beta - \varphi(\underline{\theta})}{1 + \beta} W_m'(K)L_m(K) + \frac{\beta - \varphi(\underline{\theta})}{1 + \beta}$$

$$W_a'(K)L_a(K) + \left[\frac{\beta - \varphi(\underline{\theta})}{1 + \beta} W_m(K) - \frac{\beta - \varphi(\underline{\theta})}{1 + \beta} W_a(K) \right]L_m'(K) \qquad (32)$$

且由 $\tau > 1$，则有 $W_m(K) > W_a(K)$，故 $F'(K) > 0$。

3）$\lim\limits_{K \to 0} F'(K) = \infty$, $\lim\limits_{K \to \infty} F'(K) = 0$。

根据2），$K \to 0$ 时，有 $F'(K) \to \infty$。

当 $K \to \infty$时，对式（18）求极限，得：

$$\lim_{K \to \infty} L_m(K) = N_a$$

且易知

$$\lim_{K \to \infty} F(K) = \infty$$

以及

$$\lim_{K \to \infty} \frac{W_a(K)}{K} = \lim_{K \to \infty} \frac{W_m(K)}{K} = \lim_{K \to \infty} \frac{W_u(K)}{K} = 0$$

由罗比达法则

$$\lim_{K \to \infty} F'(K) = \lim_{K \to \infty} \frac{F(K)}{K} = 0$$

◇ 定理 1 的证明

由 A1（3）的证明过程有 $\lim\limits_{K\to\infty}\dfrac{F(K)}{K}=0$。

由极限保号定理，存在一个 $\bar{K}>0$，当 $K>\bar{K}$ 时，$\dfrac{F(K)}{K}<1$，即 $F(K)<K$。

而 $F(0)\geqslant 0$，由函数的连续性，存在 $\bar{\bar{K}}>0$，使得 $F(\bar{\bar{K}})=\bar{\bar{K}}$，且存在一个小区间 $(\bar{\bar{K}}-\varepsilon,\bar{\bar{K}}+\varepsilon)$，当 $K\in(\bar{\bar{K}}-\varepsilon,\bar{\bar{K}})$ 时，$F(K)>K$；而当 $K\in(\bar{\bar{K}},\bar{\bar{K}}+\varepsilon)$ 时，$F(K)<K$，即该均衡为稳定均衡。

◇ 定理 2 的证明

仅须证明：对于不存在劳动力转移时的稳态均衡 $\widetilde{K}>0$，在允许劳动力转移时会至少停留在原来的均衡，亦可能攀升至新的更高均衡，即证明 $F(\widetilde{K})\geqslant\widetilde{K}$。

即证：

$$\frac{\beta-\varphi(\underline{\theta})}{1+\beta}W_m(\widetilde{K})L_m(\widetilde{K})+\frac{\beta-\varphi(\underline{\theta})}{1+\beta}W_a(\widetilde{K})L_a(\widetilde{K})\geqslant\frac{\beta-\varphi(\underline{\theta})}{1+\beta}W_a(\widetilde{K})L_a$$

即有：

$$W_m(\widetilde{K}) \geqslant W_a(\widetilde{K})$$

由 $\tau > 1$ 知定理证毕。

附 录 B

农业劳动力转移的驱动因素和
溢出效应

◇◇ 一 引言

农业劳动力向非农部门转移，是发展经济学的核心问题。在
Lewis 开创的二元经济模型中，随着非农部门不断发展，农业劳动
力向非农部门持续转移，转移程度取决于非农部门对农业劳动力的
需求，而这一需求又直接受到非农部门边际劳动生产率的影响：非
农部门边际劳动生产率越高，企业越有激励雇佣更多的劳动力，劳
动力转移程度则越高[1]。因此，非农部门的边际劳动生产率—工资
回报构成了劳动力转移的主要决定力量。

刘易斯模型为研究发展中经济体的劳动力转移奠定了基本分析

---

① Lewis, W. A., "Economic Development with Unlimited Supplies of Labour", *Manchester School*, Vol. 22, No. 2, 1954, pp. 139 – 191; Harris, J. R. and M. P. Todar. "Migration, Unemployment and Development: A Two-Sector Analysis", *American Economic Review*, Vol. 60, No. 1, 1970, pp. 126 – 142.

框架，同时指引着理论研究结合现实情况对二元结构模型继续丰富完善。Harris-Todaro 开创性地研究跨部门劳动力转移，Grinols、Chandra 和 Khan 将工业部门分为正规部门与非正规部门，在城市正规部门的失业人员完全被非正规部门吸收的前提下建立了劳动迁移模型，Gupta 引入迁移成本、扩展 Chandra 和 Khan 模型，形成研究劳动力转移的 CKG 框架[①]。

现实中，一方面，稍早之前学者们在拉美和其他地区观察到普遍的"半城市化"现象，直接联系了非正规就业问题[②]。这一现象在当代中国劳动力—人口非农化过程中也有明显的体现和形式变换，"农民工"这一特殊称谓体现了大多数转移劳动者的身份、生活方式与劳动要素的产业化投入生产方式之间的矛盾，可以说是一种特殊形式的"半城市化"现象[③]。这意味着现实中的劳动力转移会遇到各种障碍，包括移出、移入和流动障碍，从而面临转移成本的影响。另一方面，近期伴随着劳动力转移速度放缓，中国农民工

---

① Harris, J. R. and M. Todaro, "Migration, Unemployment and Development: A Two Sector Analysis", *American Economic Review*, Vol. 60, 1970, pp. 126 – 140. Grinols, Earl L., "Unemployment and Foreign Capital: The Relative Opportunity Costs of Domestic Labour and Welfare", *Economica*, Vol. 58, 1991, pp. 107 – 121. Chandra, V. and M. Khan, "Foreign Investment in the Presence of an Informal Sector", *Economica*, Vol. 60, 1993, pp. 79 – 103. Gupta, M. R. "Foreign Capital and the Informal Sector: Comments on Chandra and Khan", *Economica*, Vol. 64, No. 254, 1997, pp. 353 – 363. Chandra, V., and M. Khan, "Foreign Investment in the Presence of an Informal Sector", *Economica*, Vol. 60, 1993, pp. 79 – 103.

② Jacoby, Erich H., "The Coming Backlash of Semi-Urbanization", *Ceres (FAO Review)*, Vol. 3, No. 6, 1970, pp. 48 – 51.

③ 魏后凯：《面向 21 世纪的中国城市化战略》，《管理世界》1998 年第 1 期；王春光：《农村流动人口的"半城市化"问题研究》，《社会学研究》2006 年第 5 期。

工资不断上涨，出现了"农民工工资持续快速增长"与"农村仍有大量剩余劳动力"并存的现象。[①] 这样，刘易斯模型假设非农部门可以在不变的生存工资水平下拥有无限的劳动力供给，实际上假定了非农部门边际劳动生产率—工资回报可以不变也能够持续吸收农村劳动力转移，同时实际上假设了农业劳动力可以在农村与城市之间无成本地自由、永久转移，而忽略了转移成本的存在及其重要性。可见，直接使用刘易斯模型的这一"原始"结论用于分析解释中国的现实，遇到了显而易见的困难，以至于本章在面对"刘易斯拐点"是否已经来临的问题上出现了严重分歧甚至误判。[②]

迄今为止的中国经济发展与劳动力转移的经验已经成为发展经济学实践的成功典范，其更为复杂丰富的内涵也构成了发展经济学理论的扩展难题和成长点。改革开放30多年来，中国已有超过2.7亿农民工转移到非农部门就业，如此规模庞大的劳动力转移群体构成了中国经济增长的重要支撑力量，有利于扩大劳动力市场规模和提高城市经济的全要素生产率。[③] 推动剩余劳动力的持续转移仍将是中国经济长期较快增长的关键，可以为中国经济带来巨大的潜在收益。[④] 在经历了长达30年的高速经济增长之后，中国经济进入了

---

① 李宏彬、李蕾：《减轻农民工转移成本，推行福利均等化政策》，《中国社会科学报》2011年8月23日第014版；卢锋：《中国农民工工资走势：1979—2010》，《中国社会科学》2012年第7期。

② 蔡昉：《中国劳动市场发育与就业变化》，《经济研究》2007年第7期。

③ 都阳、蔡昉、屈小博和程杰：《延续中国奇迹：从户籍制度改革中收获红利》，《经济研究》2014年第8期。

④ 李杨、殷剑峰：《劳动力转移过程中的高储蓄、高投资和中国经济增长》，《经济研究》2005年第2期；都阳、蔡昉、屈小博和程杰：《延续中国奇迹：从户籍制度改革中收获红利》，《经济研究》2014年第8期。

优化经济增长速度和结构调整的关键阶段。一方面，中国尚有大量的农业劳动力停留在农村，没有顺利转移，中国目前农业劳动力占比仍高达30%以上；另一方面，近年来东部沿海发达省份频频遭遇"用工荒"：尽管用工工资在迅速上涨，许多企业依然发现用工紧张，这已成为中国企业国际竞争力不断下降的一个重要因素。在此背景下，如何促进农业剩余劳动力继续转移成为一个重要而紧迫的课题。

为了解决这一现实问题，理论上需要进一步明确劳动力转移的决定因素。在过去的30余年中，农村劳动力为什么会大规模转移、并呈现极其明显的空间集聚特征？这一进程将主要受到哪些因素的影响而呈现转折性变化？城乡生产率差异是如何形成并作用于劳动力转移的？除了城乡部门的生产率差异，是否还存在更特殊的因素影响中国劳动力转移？只有厘清这些一般和特殊的因素，才能真正把握中国劳动力转移历史进程的内在规律，为继续推进劳动力转移、劳动要素市场改革和下一阶段经济增长提供有针对性的对策措施。

进一步注意到，在传统的二元结构——劳动力转移模型中，尚未纳入政府部门，而这对于发展中国家是至关重要的。不管是"大推进"（Big Push）的平衡发展战略，还是"起飞式"（Take-off）的主导产业和不平衡增长理论，直至新兴工业化经济体的雁行模式、东亚模式的成功经验及其潜在不可持续性也都说明，发展战略和产业政策都是挥之不去的笼罩阴影，制定战略政策并付诸实施的政府之手成为决定成败的"上帝之手"①。众所周知，在中国经济发展过程中，政府部门及其行为模式是不可回避的首要因素，政府主导的动员型资源配置体制和投资推动型经济增长模式成为共识性的描述。具体到劳动力转移问题，人口—劳动力的二元分布实际上更是在政府强制性确立的城乡户籍制度及其福利保障差异背景下形成的，这一结构的演变也只能在政府主导的经济发展过程中进行考察。因此，在分析农业劳动力转移的驱动因素时，本节将在经典的二元经济模型基础上，引入政府生产性支出资本化的基础设施，发展出内生增长的二元经济结构转型模型，考察现代二元经济结构演变下的劳动力转移，并实证分析中国省级面板数据，为理论分析提供经验证据。

本章安排如下：第二小节构建理论模型，在二元经济转型背景下，刻画中国劳动力转移过程，并讨论这一过程中的溢出效应及对

---

① Roodman, D. , "A Note on the Theme of Too Many Instruments", *Oxford Bulletin of Economics and Statistics*, Vol. 71, No. 1, 2009, pp. 135 – 158. Rosenstein-Rodan, P. N. , "The Problem of Industrialization of Eastern and South-Eastern Europe", *Economic Journal*, Vol. 53, No. 210 – 211, 1943, pp. 202 – 211; Murphy, Kevin M. , Andrei Shleifer and Robert W. Vishny, "Industrialization and the Big Push", *Journal of Political Economy*, Vol. 97, No. 5, 1989, pp. 1003 – 1026; Rostow, W. W. , "The Take-Off into Self-Sustained Growth", *Economic Journal*, Vol. 66, No. 261, 1956, pp. 25 – 48; Acemoglu, Daron and Veronica Guerrieri, "Capital Deepening and Nonbalanced Economic Growth", *Journal of Political Economy*, Vol. 116, No. 3, 2008, pp. 467 – 498; Krugman, Paul, "The Myth of Asia's Miracle", *Foreign Affairs*, Vol. 73, No. 6, 1994, pp. 62 – 78; Kojima, K. , "The 'flying geese' model of Asian Economic Development: Origin, Theoretical Extensions, and Regional Policy Implications", *Journal of Asian Economics*, Vol. 11, No. 4, 2000, pp. 375 – 401; 林毅夫、任若恩：《东亚经济增长模式相关争论的再探讨》，《经济研究》2007年第 8 期。

经济发展的影响。

◇◇ 二　理论模型

本节首先构建一个局部均衡分析模型，分析农业劳动力转移进程，并突出基础设施与劳动力转移的关系。在二元经济框架下，引入基础设施与劳动力转移成本，重点考察部门间生产效率差异产生的外溢效应，以及基础设施的生产效率提升和转移成本降低效应对劳动力转移的影响，深入分析公共基础设施在二元经济发展中的作用。

模型设定

假设总体经济含有两个生产部门，农业部门 a 和非农部门 b，初始劳动力数量分别为 N_a 和 N_b，劳动力总量即为 $N = N_a + N_b$。为简化分析，本章假设劳动力总量不变。$u_1 = N_b/N$ 为劳动力的非农化（城市化）比率，刻画劳动力转移绝对水平；$u_2 = N_b/N_a$ 为城乡比率，刻画劳动力转移相对水平。简化起见，此处暂不讨论半城市化问题。

非农部门雇佣 N_b 单位劳动力和 K 单位资本进行生产，生产函数表示为：

$$Y_b = \hat{A}(g) K^\alpha g^{1-\alpha} N_b^{1-\alpha} \tag{1}$$

其中，$0 < \alpha < 1$ 为非农部门的私人资本产出弹性；g 为公共基础设施水平，在该函数设定下具有两个基础性作用，一是作为生产性资本直接进入生产函数，[1]二是对技术水平具有溢出效应[2]。同时，假定基础设施的融资全部来源于资本税，即有 $g = \tau K$，其中 τ 为资本税率；[3]$\hat{A}$ 为非农部门的生产技术水平，受到公共基础设施的外溢作用的影响，即 $\hat{A}'(g) > 0$；同时令 $A = \tau^{1-\alpha}\hat{A}$，则此处 A 与 $\hat{A}$ 在含义上等价，即有 $A'(g) > 0$。据上，生产函数形式转化为：

$$Y_b = \hat{A}(g)\tau^{1-\alpha}K N_b^{1-\alpha} = A(g)K N_b^{1-\alpha} \tag{2}$$

显然，这是一个内生了政府资本化生产性支出的规模报酬递增经济。本节对非农部门生产函数设定与标准二元经济模型的区别是，本章在模型中加入了以公共基础设施为代理的内生资本深化和内生技术进步。因此，本章的模型是现代部门内生增长的二元经济模型。

---

① 在作为生产性资本进入生产函数时，为了后文计算上的简化，假定产出弹性为 $1 - \alpha$，可以证明，这一简化假定不会对本节结论产生实质影响。

② Barro, R. "Government Spending in a Simple Model of Endogenous Growth", *Journal of Political Economy*, Vol. 98, 1990, pp. 103 – 125. Alesina, Alberto, and Dani Rodrik,, "Distributive Politics and Economic Growth", *Quarterly Journal of Economics*, Vol. 109, 1994, pp. 465 –490. Hulten, R., E. Bennathan and S. Srinivasan, "Infrastructure, Externalities, and Economic Development: A Study of the Indian Manufacturing Industry", *World Bank Economic Review*, Vol. 20, No. 2, 2006, pp. 291 –308.

③ 这里不对基础设施融资展开讨论，而直接假定资本税率为常数。一方面，基础设施水平的提高可以增加资本边际产出而促进资本积累；另一方面，由于基础设施融资来源于资本税，因而又会降低实际资本回报率而制约资本积累；因此可以证明，存在最优的资本税率，使经济体达到最高的增长速度。限于篇幅，推导过程不具体展开，对最优资本税率的探讨也超出了本节的讨论范围，感兴趣的读者请联系作者索取推导结果。

农业部门使用 N_a 单位劳动力进行生产：

$$Y_a = N_a^\gamma = (N - N_b)^\gamma \tag{3}$$

其中，$0 < \gamma < 1$ 为农业部门的劳动产出弹性。

随着非农部门发展，转移劳动力的分配受制于非转移劳动力的供给，工资率维持在其边际生产率水平，这样非农部门将有更多的剩余份额用于追加资本积累，进行加速的经济工业（非农）化。随着资本不断积累，所需匹配的劳动力数量也会不断增多，并且转移劳动力的生产效率随着资本深化程度和技术条件提高而提高，其边际产品—工资回报水涨船高，农业劳动力便从易到难、源源不断地从农业部门转移至城市非农部门，直至转移过程彻底完成。即在此过程中存在有待确认的：$\lim\limits_{N_b \to \infty} u_1 = 1$，和 $\lim\limits_{N_b \to \infty} u_2 = \infty$。但是，现实中由于存在各种阻碍因素，即使非农部门工资水平高于农业部门，劳动力转移仍会进行得不充分。本章将这种导致农业劳动力转移不充分的障碍总结为转移成本的存在。

均衡

根据上述模型设定，农业部门和非农部门选择最优的劳动力数量和资本量来最大化产出，一阶条件满足：

$$W_a = \gamma (N - N_b)^{\gamma - 1} \tag{4}$$

$$W_b = (1 - \alpha)A(g)K N_b^{-\alpha} \tag{5}$$

$$R_b = A(g)N_b^{1-\alpha} \tag{6}$$

W_a、W_b 分别为农业部门和非农部门的工资水平，R_b 为非农部门的资本回报率。

由于转移成本的存在，劳动力转移均衡时，两部门工资的关系由下式决定：

$$W_b = (1 + \theta) W_a \qquad (7)$$

其中，$\theta > 0$ 为反映转移成本的贴现因子。结合式（4）、（5）和（7），则有：

$$(1 - \alpha) A(g) K N_b^{-\alpha} = (1 + \theta) \gamma (N - N_b)^{\gamma - 1} \qquad (8)$$

因此本章给出定理 1 和定理 2：

定理 1　劳动力转移取决于两部门要素生产率差异和转移成本。

经过对上式展开和整理：

$$N_b = \left[\frac{(1 + \theta)\gamma}{(1 - \alpha)} \right]^{-\left(\frac{1}{\alpha}\right)} \left[\frac{N_a^\gamma}{A(g) K N_a^{[(1-\alpha)+\alpha]}} \right]^{-\left(\frac{1}{\alpha}\right)} =$$

$$N_a \left[\frac{(1 - \alpha)}{(1 + \theta)\gamma} \right]^{\frac{1}{\alpha}} \left[\frac{A(g) K N_a^{(1-\alpha)}}{N_a^\gamma} \right]^{\frac{1}{\alpha}}$$

即：

$$\frac{N_b}{N_a} = \left[\frac{(1 - \alpha)}{(1 + \theta)\gamma} \right]^{\frac{1}{\alpha}} \left[\frac{A(g) K N_a^{(1-\alpha)}}{N_a^\gamma} \right]^{\frac{1}{\alpha}} \qquad (9)$$

很明显，劳动力转移取决于两部门劳动生产率的差异和转移成本。定理 1 证完。

定理 2　随着非农部门资本不断积累，劳动力不断向非农部门转移。

由（8）式两边分别对 K 求导，得：

$$\frac{\mathrm{d} N_b}{\mathrm{d} K} = N_b^{-\alpha} \left[\frac{\alpha K}{N_b^{1+\alpha}} + \frac{(1 + \theta)\gamma(1 - \gamma)}{(1 - \alpha) A(g)} (N - N_b)^{\gamma - 2} \right]^{-1} > 0$$

$$\frac{\mathrm{d}N_a}{\mathrm{d}K} = \frac{\mathrm{d}(N - N_b)}{\mathrm{d}K} = -\frac{\mathrm{d}N_b}{\mathrm{d}K} < 0$$

即随着资本不断积累，非农就业不断增大，农业就业不断减少。定理 2 证毕。

劳动力流动性外溢

以上讨论了均衡时资本积累与劳动力转移之间的关系。接下来讨论劳动力流动的外溢效应，为此本章提出定理 3：

定理 3 劳动者自由迁徙创造价值。

对于这一定理的证明，本章从三个方面展开：

自由迁徙对生产面的直接价值

本章定义两部门产品的边际转换率①为：

$$\lambda \equiv -\frac{\mathrm{d}Y_b}{\mathrm{d}Y_a} = -\frac{\mathrm{d}Y_b/\mathrm{d}N_a}{\mathrm{d}Y_a/\mathrm{d}N_a} \tag{10}$$

$$\frac{\mathrm{d}Y_b}{\mathrm{d}N_a} = \frac{\mathrm{d}[A(g)K N_b^{1-\alpha}]}{\mathrm{d}N_a} = \frac{\mathrm{d}[A(g)K(N-N_a)^{1-\alpha}]}{\mathrm{d}N_a} =$$

$$-(1-\alpha)A(g)K(N-N_a)^{-\alpha} = -(1-\alpha)A(g)K N_b^{-\alpha} = -W_b$$

$$\frac{\mathrm{d}Y_a}{\mathrm{d}N_a} = \gamma N_a^{\gamma-1} = W_a$$

---

① 产品的边际转换率也简称产品转换率或边际转换率。它表示在社会资源既定的条件下，增加一单位商品 1 而所必须放弃的商品 2 的产量，通常简单地表示为 RPT1，2。即说明这两种产品存在着"转换"关系。这种转换关系就称为"产品的边际转换率"。另外，所谓产品的边际转换率就是生产可能性曲线的斜率的绝对值。

所以，

$$\lambda = \frac{W_b}{W_a} \qquad (11)$$

即两部门产品的边际转换率等于两部门边际产出之比。根据产品边际转换率的定义，若 $\lambda > 1$，表示增加 1 单位农产品需要放弃大于 1 单位的非农产品，也即减少 1 单位的农产品，就可以增加多于 1 单位的非农产品。$\lambda < 1$，则表示表示增加 1 单位农产品需要放弃小于 1 单位的非农产品，也即减少 1 单位的农产品，可以增加小于 1 单位的非农产品：

$$-\frac{\partial \lambda}{\partial N_b} = \frac{\partial \lambda}{\partial N_a} = \frac{\partial \left(\frac{(1-\alpha)AK(N-N_a)^{-\alpha}}{\gamma N_a^{\gamma-1}} \right)}{\partial N_a} = \frac{1-\alpha}{\gamma}$$

$$A(g)K(N-N_a)^{-\alpha}N_a^{1-\gamma}\left(\frac{\alpha}{N-N_a} + \frac{1-\gamma}{N_a} \right) > 0 \qquad (12)$$

所以，随着农业劳动力的转移，农业劳动力数不断减少，非农劳动力不断增加，则产品转换率不断下降。

附录图 1 中，λ 曲线反映了两部门产品的边际转换率随非农劳动力数量的变化曲线。λ 曲线以下，$\lambda = 1$ 曲线以上部分面积表示，整个农业劳动力向非农部门的转移所能带来的总的产出的增加，即"溢出效应"。黑色部分面积表示，当非农劳动力数由 N_{b1} 增加到 N_{b2}，所带来的总产出的增加，即该部分劳动力转移过程所带来的溢出效应。只要 $\lambda > 1$，劳动力转移就有溢出效应。

由于转移成本的存在，均衡时，两部门的工资由式（13）决定：

$$W_b = (1 + \theta)W_a \tag{13}$$

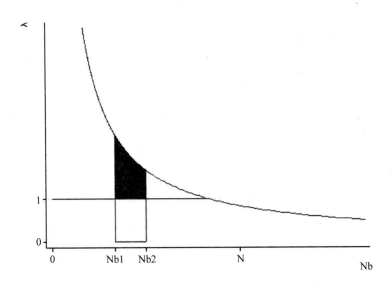

附图 1　边际转换率与非农劳动力数量

$\theta > 0$ 为反映转移成本的贴现因子,因此,

$$\lambda = \frac{W_b}{W_a} = 1 + \theta > 1 \tag{14}$$

所以,随着农业劳动力向非农部门流动两部门总产出将增加,农业劳动力向非农部门流动有效率外溢。

同时,以上表明,即便在农业劳动力转移达到均衡的时候,$\lambda = (1 + \theta) > 1$,此时,劳动力流动仍有"潜在的溢出效应",因为溢出效应的消失直到 $\lambda = 1$ 为止。此时,若能够降低转移成本 θ,则劳动力会继续转移,而在此过程中,潜在的溢出效应会转化为实际的溢出效应。这一过程也同时是转移成本的内部化过程。考虑到基础设施具有降低劳动力转移成本的作用,本节提出如下待检验命题：

基础设施可以通过降低转移成本、促进劳动力转移而增进效率外溢。

自由迁徙对资本积累的产出贡献。

劳动力的自由迁徙对资本积累的产出贡献可表示为：

$$\frac{\partial \lambda}{\partial K} = \frac{\partial \left(\dfrac{(1-\alpha)AK(N-N_a)^{-\alpha}}{\gamma N_a^{\gamma-1}} \right)}{\partial K} = \frac{(1-\alpha)A(g)(N-N_a)^{-\alpha}}{\gamma N_a^{\gamma-1}} \equiv$$

$$S_K^* > 0 \tag{15}$$

其中，S_K^* 为资本的效率溢出，并反映为资本回报提高。

自由迁徙与技术外溢

劳动力自由迁徙还可以带来技术外溢：

$$\frac{\partial \lambda}{\partial A} = \frac{\partial \left(\dfrac{(1-\alpha)AK(N-N_a)^{-\alpha}}{\gamma N_a^{\gamma-1}} \right)}{\partial A} = \frac{(1-\alpha)K(N-N_a)^{-\alpha}}{\gamma N_a^{\gamma-1}} \equiv$$

$$S_A^* > 0 \tag{16}$$

其中，S_A^* 为技术进步贡献溢出。可见，劳动力转移既可以提高自身的效率，也能够增强资本和技术的产出贡献。并且这两种要素效率的提高并不依赖转移劳动力效率是否提高，即可能只来源于规模效应的正溢出。只关注技术外溢实际上低估了转移对诸要素效率提高的总效应。

本章进一步讨论基础设施的流动性外溢问题。由式（16）中，本章可以引入公共基础设施所导致的技术进步贡献，因此，基础设施也就有了效率外溢，即：

$$\frac{\partial \lambda}{\partial g} = \frac{\partial \lambda}{\partial A(g)}\frac{dA(g)}{dg} = S_A^* A'(g) > 0 \tag{17}$$

其中，$S_A^* A'(g)$ 即为公共基础设施导致的技术进步贡献溢出；由于其公共品属性而完全体现为对其他要素报酬的正溢出，同时也将体现为技术进步的中性、资本偏向或劳动偏向。

从另外一个角度，本章可以将边际转化率进行分解，即：

$$\lambda = \frac{W_b}{W_a} = \frac{(1-\alpha)A(g)KN_b^{-\alpha}}{\gamma(N-N_b)^{\gamma-1}} = \frac{(1-\alpha)AKN_b^{-\alpha}}{\gamma(N-N_b)^{\gamma-1}} +$$

$$\frac{(1-\alpha)[A(g)-A]KN_b^{-\alpha}}{\gamma(N-N_b)^{\gamma-1}} = 1 + \theta \tag{18}$$

在 $\dfrac{(1-\alpha)AKN_b^{-\alpha}}{\gamma(N-N_b)^{\gamma-1}} = 1$ 和其中 $A=1$ 的情况下（即初始的边际工

资等价），$\dfrac{(1-\alpha)[A(g)-A]KN_b^{-\alpha}}{\gamma(N-N_b)^{\gamma-1}} = \theta \geqslant 0$。也就是说，公共基础设

施的技术进步和资本深化效应共同构成对转移成本的内部化。

可见，劳动力从农业转移到现代部门产生了生产效率外溢。这一效率溢出来源于传统农业和现代部门的生产条件的差异，尤其是其中的公共基础设施投资导致的资本深化和技术改进。反过来讲，如果不存在这一效率溢出带来的工资报酬提高，劳动者将无法转移成本内部化，从而也就不可能进行有福利改进的转移流动。

总的来说，由于现代部门的生产效率受到基础设施直接和间接促进作用，基础设施与劳动力转移将具有正向关系，因此本章有定

理4：

定理4 给定资本存量K，基础设施水平的提高会促进劳动力从农业部门向非农部门转移。

由（8）式两边对g求偏导数，整理得：

$$\frac{\partial N_b}{\partial g} = \left(\frac{A'(g)}{A(g)}\right) / \left(\frac{1-\gamma}{N-N_b} + \frac{\alpha}{N_b}\right) > 0 \qquad (19)$$

因此，本章有：

$$\frac{\partial u}{\partial g} = \frac{1}{N}\frac{\partial N_b}{\partial g} > 0 \qquad (20)$$

定理4证毕。

以上讨论了公共基础设施所带来的转移成本降低效应、技术进步和资本深化效应所带来的劳动力流动外溢。在均衡路径上，基础设施水平的提高会促进劳动力转移，从而促进经济增长。此外，本章还可以讨论非均衡情形：假设经济体一开始严格控制劳动力流动，即实际上造成了农业部门与非农部门各自发展，非农部门的资本积累和技术进步使得其边际劳动生产率大幅提高。只要这两个效应足够强，则边际转换率$\lambda > 1 + \theta$。此时，若允许劳动力自由流动，则在非均衡路径上，劳动力转移带来了全局福利改进。

以上静态模型分析没有考虑经济体投资积累的动态过程。但可以证明，在引入家户效用最大化和资本积累的动态模型中，基础设施尽管会在短期内挤占部分生产性资本的积累，但在长期可以带来恒常的生产外部性，从而促进劳动力转移。直觉上，短期的基础设施投资扩张并没有对劳动力转移立即做出贡献，反而挤占了生产性资本，使得劳动力转移发生暂时性倒退；而长期来看，由于更高水平的基础设施付诸使用，全要素生产率进一步提高，劳动力转移成本进一步降低，更大规模的劳动力投入到非农部门的生产，经济体的资本量也将向更高的合意水平收敛。这一过程不仅带来劳动力转移程度的加深，也带来资本积累的进一步深化，以及经济更高水平的发展。①

附表 1　　　　　　　　　　农业劳动力转移回归稳健性分析

解释变量：农业劳动力转移	空间自回归模型（SAR）			空间误差模型（SEM）		
	（1）	（2）	（3）	（4）	（5）	（6）
城乡收入差距	0.399 ***	0.919 ***	0.854 ***	0.524 ***	0.943 ***	0.868 ***
	(0.133)	(0.168)	(0.166)	(0.149)	(0.177)	(0.174)
GDP 增长率	3.147 ***	3.469 ***	3.321 ***	3.301 **	3.011 ***	2.985 ***
	(1.193)	(0.986)	(0.993)	(1.278)	(1.050)	(1.043)
公路密度（对数）	0.500 ***	0.549 ***	0.543 ***	0.518 ***	0.547 ***	0.534 ***
	(0.049)	(0.048)	(0.048)	(0.052)	(0.050)	(0.050)
全要素生产率（对数）	-0.580 ***	-0.620 ***	-1.019 ***	-0.643 ***	-0.631 ***	-1.033 ***
	(0.202)	(0.176)	(0.193)	(0.206)	(0.176)	(0.194)
农业劳动生产率（对数）	-0.462 ***	-0.289 ***	-0.348 ***	-0.549 ***	-0.345 ***	-0.398 ***
	(0.075)	(0.068)	(0.068)	(0.084)	(0.071)	(0.071)
FDI/GDP		-9.683 ***	-8.778 ***		-10.23 ***	-9.318 ***
		(1.480)	(1.475)		(1.517)	(1.504)
进出口总额/GDP		-0.018	-0.216		0.060	-0.134
		(0.155)	(0.156)		(0.154)	(0.156)
国有企业比重		-1.511 ***	-1.458 ***		-1.852 ***	-1.791 ***
		(0.256)	(0.252)		(0.281)	(0.282)

---

① 限于篇幅，这里不对动态模型进行展开，感兴趣的读者请联系作者索取具体推导过程。

续表

解释变量： 农业劳动力转移	空间自回归模型（SAR）			空间误差模型（SEM）		
	（1）	（2）	（3）	（4）	（5）	（6）
贷款/GDP		− 1. 116 ***	− 0. 842 ***		− 1. 023 ***	− 0. 803 ***
		（0. 185）	（0. 188）		（0. 189）	（0. 189）
贷款/存款		0. 453 *	0. 172		0. 321	0. 142
		（0. 257）	（0. 259）		（0. 261）	（0. 259）
公共教育支出 水平		− 0. 118 ***	− 0. 136 ***		− 0. 133 ***	− 0. 142 ***
		（0. 024）	（0. 024）		（0. 026）	（0. 025）
城镇调查失业率 变动（%）			0. 068			0. 064
			（0. 041）			（0. 041）
资本回报率			3. 503 ***			3. 452 ***
			（0. 730）			（0. 723）
CPI（%）			0. 006			0. 003
			（0. 007）			（0. 008）
ρ	0. 230 ***	0. 114 ***	0. 095 **	/	/	/
	（0. 045）	（0. 041）	（0. 041）	/	/	/
λ	/	/	/	0. 257 ***	0. 217 ***	0. 194 ***
	/	/	/	（0. 051）	（0. 049）	（0. 052）
Moran's I	0. 248 ***	0. 217 ***	0. 171 ***	0. 253 ***	0. 229 ***	0. 191 ***
R^2	0. 891	0. 885	0. 892	0. 890	0. 883	0. 890
调整后的 R^2	0. 884	0. 877	0. 884	0. 883	0. 874	0. 881
log-likelihood	− 721. 7	− 616. 9	− 602. 3	− 722. 3	− 611. 7	− 598. 5
观测值数	589	589	589	589	589	589

注：***、**、* 分别代表在 0. 01、0. 05、0. 1 的显著性水平下显著。Moran's I 为空间相关性检验结果。ρ 和 λ 分别为空间自回归模型（SAR）和空间误差模型（SEM）的空间相关系数。R^2、调整后的 R^2 和 Log-likelihood 反映模型的拟合优度。

附 录 C

中国农业劳动生产率估测

◇◇ 一 引言

中国过去30多年经济发展取得举世瞩目成就，一个不可或缺的基础性条件是当代中国农业生产结构转型和效率持续提升。中国是人口大国，农业作为整个国民经济基础有着特别重要的意义，粮食安全问题也历来是学者和政策制定者所密切关注的问题。而自改革开放以来，中国农业劳动力持续向非农部门转移，推动农业劳动力占总体劳动力的比重以年均超过一个百分点的速度趋势性下降。中国经济的平稳转型，只有在农业劳动生产率水平较高，能够以较少的劳动消耗取得更多农产品的情况下才能实现，社会上才有可能有更多的农业劳动力转移到非农部门，从而有力支撑非农部门发展和经济社会转型。

大国发展需要农业基础条件的道理简单至极：对于中国这样十亿人口量级的超大型经济体成长转型，一定要有本国传统农业生产效率提升，尤其是农业劳动生产率相应增长作为支持；否则，对于食物的初级需求派生规律会从根本上遏制经济成长进程，或者间接通过超出接受范围的农产品价格上涨制约进程（对于处于农业劳动力转移进程中的经济体尤其如此）。马克思曾经指出，超过劳动者个人需要的农业劳动生产率是一切社会的基础①。现代发展经济学更是把农业劳动生产率增长看作经济发展的前提条件，因为农业部门产出的食物和原料构成满足人类存在和发展需求的基本物质保障条件，只有在单位劳动农业产出数量提升基础上，社会经济才可能通过分工深化提高效率，并推动物质文明发展。近现代很多国家、特别是大国经济发展实践，对上述基本规律提供了广泛的国际经验支持和验证。

因而，当本章观察到中国当代经济快速深刻结构转变事实的全局特征，从经济学常识角度有理由推测，当代中国农业系统结构和效率水平一定发生了革命性变迁。有鉴于此，度量和解释中国当代农业生产率特别是劳动生产率增长，构成理解农业革命的最简便与最基本方法。通过观察农业劳动生产率变动轨迹，探究生产率变动经济和制度根源，不仅是农业经济学领域重要课题，对于观察中国这个在历史上曾被称为"饥荒之国"的大国如何解决粮食安全问题也具有认识意义，并且也是理解中国这个巨型经济体整体转型的基本前提条件的不可或缺的功课。具体来说，新中国60年发展历史，特别是改革开放以来，我国农业劳动生产率数量水平变动轨迹如何？不同时期和不同品种劳动生产率变动走势有什么特点？采用不同指标衡量的劳动生产率是否可比或有什么差异？在我国劳动力跨部门

---

① 《资本论》第3卷，人民出版社1974年版，第885页。

转移和两部门互动发展的背景下，农业边际劳动生产率的变动形势
如何？系统度量农业劳动生产率对定量描述农业生产效率提升，以
及对于理解中国经济转型成长阶段性成功，都具有认识借鉴意义。

　　国内学术界已有不少研究关注农业劳动生产率分析，然而已有
研究仍然存在具体定位不同和在理解中国农业劳动生产率方面不够
系统和聚焦的问题。在计划经济时期已有一些文献重视考察农业劳
动生产率分析方法，包括深入讨论如何衡量劳动投入在统计指标设
计方面的细致问题等[①]，后续也有文献专门讨论农业生产函数的研
究和应用问题[②]。近年来，较多文献集中于考察特定区域农业劳动
生产率以及不同地区农业劳动生产率差异和收敛情况[③]。粗略文献
考察显示，已有不少研究从不同角度对我国农业生产情况进行考
察，但对于农业劳动生产率基础性和较长时期的系统度量还比较缺
乏，尤其是对边际劳动生产率度量还相对较少。

---

　　① 张敏如：《农业劳动生产率计算中若干问题的探讨》，《经济研究》1962 年第
8 期；李玉先、朱道华：《关于农业劳动生产率统计中活劳动时间的计算问题》，《经济
研究》1963 年第 10 期。

　　② 李相银、沈达尊：《农业生产函数研究与应用中的几个问题》，《农业技术经
济》1995 年第 1 期。

　　③ 田维明：《我国各省市区农业劳动生产率的比较研究》，《农业技术经济》
1987 年第 1 期；徐秀丽：《近代华北平原的粮食产量和农业劳动生产率估计》，《中国
社会科学院近代史研究所青年学术论坛》2000 年；陈来、杨文举：《中国农业劳动生
产率的稳态趋同：产出增长率与劳动力转移的影响》，《产业经济研究》2005 年第 2
期；辛翔飞、刘晓昀：《要素禀赋及农业劳动生产率的地区差异》，《世界经济文汇》
2007 年第 5 期；赵蕾、杨向阳、王怀明：《改革开放以来中国省级农业生产率的收敛
性分析》，《南开经济研究》2007 年第 1 期；高帆：《结构转化、资本深化与农业劳动
生产率提高——以上海为例的研究》，《经济理论与经济管理》2010 年第 2 期；余康、
郭萍、章立：《我国农业劳动生产率地区差异动态演进的决定因素——基于随机前沿
模型的分解研究》，《经济科学》2011 年第 2 期。

因此，本章试图在已有的研究成果基础上，尝试采用不同方法对农业劳动生产率变动进行系统估测。本章通过对新中国 60 多年来农业劳动生产率系统估测和变动趋势分析，提供我国农业劳动力能够持续平稳转移的现实基础，考察农业劳动力向城市部门的持续大规模转移是否影响到了我国的粮食安全问题。具体来说，本节利用国民经济核算下农业部门价值量和全国农产品成本收益调查实物量两套数据，从不同角度对我国 1952—2011 年农业部门劳动生产率平均值和边际值演变趋势给以系统估测。不同估测方法得到的估计结果细节不同，但共同形成一个基本结论，即与计划经济时期农业劳动生产率长期停滞甚至下降局面相比，农业部门在改革开放时期实现了劳动生产率革命，对我国工业化和城市化持续快速推进以及当代经济转型起到了基础性支撑作用。

本章安排如下：第二小节，讨论估测思路。第三小节估算用价值量和实物量两套指标体系下的农业平均劳动生产率增长。第四小节，利用农业部门价值量数据估测观察农业边际劳动生产率变动指标。第五小节，利用全国农产品成本收益调查数据估测观察农业边际劳动生产率变动，具体分析粮食及十种主要农产品的生产率变动。第六小节是结论和政策建议。

◇ 二　农业劳动生产率估测思路

农业劳动生产率一般定义是单位农业劳动投入所带来的农业产

出，是衡量农业生产效率水平的基本指标之一。平均劳动生产率可以直接依据产出与劳动投入数量加以计算，但是对边际劳动生产率定量考察的一般分析框架，则是建立在农业生产函数基础上。一个适当建构并具有良好统计经验表现的农业生产函数，提供劳动等要素投入对产出的弹性值，与平均劳动生产率相乘可以得到边际劳动生产率。因此，可以在常规生产函数基础上，对平均和边际劳动生产率提供数学公式表达，进而估计农业生产函数经验表达式，得到劳动产出弹性，最后用劳动产出弹性估计值乘以平均劳动生产率估计边际劳动生产率。

　　国际学术界通常采用柯布 – 道格拉斯（Cobb-Douglas）生产函数形式来估计和分析农业生产的经验表达式[①]。柯布 – 道格拉斯生产函数的一般形式为：$Y = A \prod_{i=1}^{n} X_i^{\alpha_i}$；其中，$Y$ 代表农业产出，X_i 代表第 i 种投入，α_i 代表第 i 种投入的产出弹性，A 表示技术水平。国内学者也广泛采用柯布 – 道格拉斯函数形式估计我国农业生产情况。张风波利用 1985 年 29 个省市区数据估计的农业生产函数显示，劳动产出弹性最大，其次是化肥和机械，而土地贡献不显著，据此说明

---

　　① Heady, E. O., "Production functions from a random sample of farms", *Journal of Farm Economics*, Vol. 28, No. 4, 1946, pp. 989 – 1004. Griliches, Z., "The sources of measured productivity growth: United States agriculture 1940 – 60", *The Journal of Political Economy*, Vol. 71, No. 4, 1963, pp. 331 – 346. Griliches, Z., "Research expenditures, education, and the aggregate agricultural production function", *The American Economic Review*, Vol. 54, No. 6, 1964, pp. 961 – 974. Bardhan, P. K., "Size, productivity, and returns to scale: An analysis of farm-level data in Indian agriculture", *The Journal of Political Economy*, 1973, pp. 1370 – 1386. Rosine, J., and Helmberger, P., "A neoclassical analysis of the US farm sector: 1948 – 1970", *American Journal of Agricultural Economics*, Vol. 56, No. 4, 1974, pp. 717 – 729.

我国当时的农业生产仍处于较低的水平，产值的增长在很大程度上仍依赖于劳动力，在一定程度上依靠化肥和机械等技术进步因素[①]。Lin 通过分析中国大陆 28 个省 1970—1987 年的农业产出和投入数据，发现 1978—1984 年的农业产出增长主要来源于农村土地制度的改革与化肥的增加，1984—1987 年农业产出增长放慢，除了土地制度改革的突发性效应已被释放完以外，化肥使用增长率下降和农村劳动力加速转移是主要原因[②]。黄季焜等通过对三省四县 202 家农户 1986—1991 水稻产量与劳动力和化肥投入数据对水稻生产函数进行了模拟，发现劳动和化肥投入都显著地影响着水稻产量，但劳动的作用已经较小[③]。廖洪乐利用 2003 年湖北潜江市和江西吉安县 106 家农户调查数据对影响水稻产量的因素进行了分析，发现播种面积对水稻产量有正向影响，劳动力和化肥投入对水稻产量影响不显著，生产要素的规模报酬因地而异，农业劳动者老龄化已对水稻生产造成负向影响[④]。王美艳利用全国农产品成本收益调查数据提供的粳稻 1980—2009 年 14 个省市区面板数据估计了粳稻的生产函数，结果显示，与 1980—2004 年相比，2005—2009 年粳稻的劳动产出弹性和边际劳动生产率有大幅度提高[⑤]。

[①] 张凤波：《农业生产函数分析》，《生产力研究》1987 年第 3 期。

[②] Lin, J. Y. , "Rural reforms and agricultural growth in China", *The American Economic Review*, 1992, pp. 34 – 51.

[③] 黄季焜、陈庆根、王巧军：《探讨我国化肥合理施用结构及对策——水稻生产函数模型分析》，《农业技术经济》1994 年第 5 期。

[④] 廖洪乐：《中国南方稻作区农户水稻生产函数估计》，《中国农村经济》2005 年第 6 期。

[⑤] 王美艳：《农民工还能返回农业吗？——来自全国农产品成本收益调查数据的分析》，《中国农村观察》2011 年第 1 期。

　　此外，根据投入与产出衡量单位的不同，可以采用不同的具体指标加以度量。农业产出既可以用市场交易价值量衡量，也可以用重量体积等实物单位衡量。农业劳动力投入，既可以采用小时、工日等时间单位衡量，而在缺乏微观调查数据支持的条件下，也往往会采用农业劳动力数量作为近似度量，但这一度量在时序意义上的比较，需要假定农业劳动力每年投入的劳动时间长度和强度大体可比。

　　我国改革开放后转轨实施并逐步完善的国民经济核算体系以及相关统计制度，提供了农业增加值以及农业劳动力的时间序列和分省区数据，利用学界对农业资本存量估计结果及本节的更新，本章能够对增加值下农业平均和边际劳动生产率的总体变动趋势进行估算。同时，我国政府有关部门进行的全国农产品成本收益调查数据，提供了体例大体稳定和数据指标大致可比的单位面积土地的劳动工日投入以及资本性投入等较长时间序列数据，以及连续年份主要农产品主产省区面板数据，使本章能对主要农产品实物量衡量的平均和边际劳动生产率进行估算。作为对价值量估计的有力补充，农产品成本收益调查数据有三方面优点：第一，农业劳动投入以工作日数为单位，有助于消除农业劳动力年人均投入由于农忙农闲季节长短等因素带来的不确定性和误差；第二，采用实物量统计有助于消除价值量衡量通常面临的跨期可比性问题，即便用物价指数进行调整以得到跨期可比数据，也仍面临价格数据质量问题和对统计结果的潜在不确定影响；第三是以地亩为单位的抽样调查数据，自动控制了土地面积变动影响，为劳动生产率度量和估计带来便利。

　　本节利用现有相关数据，综合价值量和实物量两套衡量指标体

系，对我国农业劳动生产率平均值和边际值演变给以系统估测。本节
计量分析的基本思路是：对于一个通常意义上的柯布—道格拉斯生产
函数，平均劳动生产率等于产出与劳动投入之比，边际劳动产出等于
平均劳动生产率与劳动产出弹性的乘积。因此，如果有特定时期产出
和劳动投入数据，就能比较便利度量平均劳动生产率。如果能用常规
计量技术估计生产函数经验形式及劳动产出弹性，就能估算边际劳动
生产率。因而，本章将利用国民经济核算体系下的农业部门价值量和
全国农产品成本收益调查提供的实物量两套数据，对我国农业平均和
边际劳动生产率加以系统度量。本节研究成果对于正确认识一些重大
经济政策问题以及刘易斯拐点观点等学术问题具有借鉴意义。

◇ 三 农业平均劳动生产率估测

平均劳动生产率衡量的是单位劳动的产出，它的系统度量本身
对于考察劳动生产效率变化具有定量描述含义，同时也为下文估计
边际劳动生产率提供资料支持。本节估算利用价值量和实物量等不
同指标产出，计算农业平均劳动生产率及其变化情况。

◇ 四 价值量衡量的农业边际劳动生产率估测

上一节系统考察了我国自新中国成立以来农业平均劳动生产率

的变动趋势。除了平均劳动生产率，边际劳动生产率也具有重要的经济分析意义，特别是在我国目前劳动市场转型阶段，对于农业劳动力转移情况判断和分析两部门宏观经济形势，具有重要参考价值。因此，从本节开始，本章将利用不同指标、不同估计方法从不同维度对农业生产函数经验形式进行估计，得到劳动产出弹性，进而依据边际劳动生产率等于平均劳动生产率与劳动产出弹性的乘积这一定义性关系，对农业边际劳动生产率进行系统估测。

农业生产函数估计基本模型

本章采用学界广泛应用的柯布—道格拉斯生产函数模型估计农业生产函数形式。具体地，本章以王美艳采用的简单生产函数形式为基准，在是否放松规模收益不变假设和是否需要加入土地变量等方面予以不同诠释，并根据不同的数据特点，构建细节不同的计量模型[①]。王美艳采用的生产函数形式为：$Y = AK^{\alpha}L^{1-\alpha}$；其中，$Y$为产出，$K$为资本投入，$L$为劳动投入，$A$为技术水平，$\alpha$和$1-\alpha$分别为资本和劳动的产出弹性，即假设产出增长主要取决于资本和劳动投入增长及技术进步，并满足规模收益不变假设（Constant Returns to Scale，CRS）。对生产函数两边取自然对数得到如下计量方程：

$$\ln \frac{Y}{L} = \ln A + \alpha \ln \frac{K}{L} + \varepsilon \tag{1}$$

① 王美艳：《农民工还能返回农业吗？——来自全国农产品成本收益调查数据的分析》，《中国农村观察》2011 年第 1 期。

其中，ε 为误差项。根据方程（1）估计出资本弹性 α 后，进行统计推断得到劳动弹性 $\beta = 1 - \alpha$。

如果放松 CRS 假设，则得到如下回归方程：

$$\ln Y = \ln A + \alpha \ln K + \beta \ln L + \varepsilon \tag{2}$$

进一步地，如果考虑到土地变量（播种面积）的影响，构建回归模型如下：

$$\ln \frac{Y}{T} = \ln A + \alpha \ln \frac{K}{T} + \beta \ln \frac{L}{T} + \varepsilon \tag{3}$$

$$\ln Y = \ln A + \alpha \ln K + \beta \ln L + \gamma \ln T + \varepsilon \tag{4}$$

其中，T 为播种面积，γ 为其产出弹性。与方程（1）和（2）类似，方程（3）和（4）的区别是，方程（3）有 CRS 假设：$\alpha + \beta + \gamma = 1$，方程（4）则放松了 CRS 假设。

在利用农业部门增加值作为农业产出度量指标的估计中，本章将分别估计模型（1）、（2）、（3）和（4），得到四种不同生产函数表达形式和劳动弹性值。在利用以地亩为单位进行统计调查的农本数据估计模型时，因为播种面积因素对产量和劳动生产率的影响已被自动控制，本章只须估计模型（1）和（2）。无论价值量估计还是实物量估计，本章都将首先进行较长时期的时间序列估计，然后进行较近时期的面板估计。

农业资本存量估计

在估计增加值度量的农业生产函数形式时，需要首先估计农业资本存量①。学术界已有一些研究估计我国农业资本存量，通常的做法是采用永续盘存法，大体包括四个基本步骤：第一，根据投资序列和投资价格指数，得到可比价投资序列；第二，确定合适的资本折旧率；第三，估算基期的资本存量；第四，依据永续盘存法公式估算资本存量系列。永续盘存法估算资本存量公式为：$K_t = (I_t / P_t) + (1 - \delta) \times K_{t-1}$，其中 K_t 为资本存量，I_t 为投资，P_t 为投资价格指数，δ 为折旧率，下标 t 代指时期。永续盘存法基本公式显示，要估计第 t 期的资本存量就需要先行知道第 $t-1$ 期的资本存量，这样就需要不断向前迭代，直到某一期有已知的资本存量估计值，即初始资本存量。其基本迭代公式如下：

$$K_t = (I_t / P_t) + (1 - \delta) \times K_{t-1}$$

$$= (I_t / P_t) + (1 - \delta) \times (I_{t-1} / P_{t-1}) + (1 - \delta)^2 K_{t-2}$$

$$= \sum_{n=0}^{j-1} (1 - \delta)^n \times (I_{t-n} / P_{t-n}) + (1 - \delta)^j K_{t-j}, \forall 1 \leqslant j \leqslant t$$

$$= \sum_{n=0}^{t-1} (1 - \delta)^n \times (I_{t-n} / P_{t-n}) + (1 - \delta)^t K_0, j = t$$

通过不断向前迭代，可以利用较长历史时期的实际投资数据和初始资本存量，并在选取适当折旧率基础上估计出资本存量的时间序列。困难一般在于初始资本存量的估计，但根据上述迭代公式，在估计期 t 较长时，$(1 - \delta)^t$ 趋于 0，即对于任意的 K_0，$(1 - \delta)^t K_0$ 都趋于 0，期初的资本存量在较长过程中折旧消耗殆尽，此时，期初的资本

---

① 后文利用农本数据估计实物量生产率时则可以直接利用调查数据中的物质费用作为资本投入的近似度量。

存量对后期资本存量的影响就很有限，误差就被控制在较小范围内。

本节在适当利用已有研究成果基础上获得我国 1952—2010 年农业资本存量估计数据。其中，1952—1979 年数据采用 Chow 关于我国 1952—1985 年农业固定资本存量的估计；1981—2004 年数据来自吴方卫和郭玉清的估计结果，二者分别估计了 1980—1997 年和 1980—2004 年的农业固定资本存量①。对比发现，Chow 与吴方卫和郭玉清对于中国农业资本存量序列的估计具有一致性。因此，本节选取 1980 年为两支文献的结合点，取两者该年的平均值作为该年资本存量的估计值。2005—2010 年数据为笔者在郭玉清的基础上，采用永续盘存法估算得到，即以 2004 年为基期，利用 2005—2010 年农业固定资产投资数据（用固定资产投资价格指数进行调整）和郭玉清估计的 5.42% 的折旧率估算而得。② 为与农业增加值基期口径一致，以上所有资本存量数据均用固定资产投资价格指数调整为以 1978 年为基期的数据系列。③此外，本节也利用永续盘存法和历年农业固定资产投资等相关数据，独立估算了我国 1952—2010 年农业资本存量序列数据。总体来说，本节独立估算的资本存量序列的水平

---

① Chow, G. , "Capital Formation and Economic Growth in China", *Quarterly Journal of Economic*, Vol. 108, No. 3, 1993, pp. 809–842；吴方卫：《我国农业资本存量的估计》，《农业技术经济》1999 年第 6 期；郭玉清：《中国财政农业投入最优规模实证分析》，《财经问题研究》2006 年第 5 期。

② 相关论文采用的折旧率不尽相同，胡永泰（1998）采用 5% 的折旧率；Hall 和 Jones（1999）和 Young（2003）采用了 6% 的折旧率。吴方卫（1999）和郭玉清（2006）估算得到的综合折旧率为 5.42%，与上述折旧率接近，为与其估计结果一致，本节在估算 2005—2010 年农业资本存量时也选用了 5.42% 的折旧率。

③ 由于早期没有固定资产投资价格指数，对早期数据的调整采用农业生产资料价格指数近似。

值低于前述在以往学者基础上估计的资本存量序列，但两者变动方向具有高度一致性。鉴于此，在后文中采用了在已有学者研究基础上获得的农业资本存量数据。

附图 2 报告我国农业资本存量和农业劳动力人均资本量估计数。以 1978 年不变价计算，我国农业资本存量从 1952 年的 364 亿元增长到改革前夕 1977 年的 966 亿元，26 年增长 1.65 倍，年均增长约为 3.97%。改革开放时期投资增速，农业资本积累加快，到 2010 年增长到 8281.3 亿元，33 年增长 7.3 倍，年均增长 6.62%。由于农业劳动力经历先升后降趋势，因此，从劳均资本存量指标衡量，两个时期上述变动反差更为明显。附图 2 数据显示，劳均资本存量从 1952 年 210.2 元增长到改革前夕 1977 年 329.8 元，26 年仅增长 56.9%，年均增长约为 1.82%；改革开放时期投资增速，资本深化

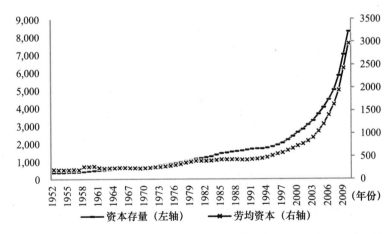

附图 2　中国农业资本存量和劳均资本（1952—2010，1978 年价，亿元，元/人）

数据来源：资本存量数据来自 Chow（1993）、吴方卫（1999）和郭玉清（2006）及作者估算。

速度加快，到 2010 年增长到 2965.0 元，33 年增长 7.2 倍，年均增长 6.57%，增速是改革前的 3.6 倍。

时间序列农业增加值边际劳动生产率估计

本节对于价值量衡量的农业生产函数估计采用前述四个基本模型：模型（1）—（4）。

附表 2　　　　　价值量农业生产函数估计结果（1952—2010 年）

	模型（1）	模型（2）	模型（3）	模型（4）	采用模型（1）
资本弹性	0.585 ***	0.688 ***	0.695 ***	0.584 ***	0.679 ***
	(0.113)	(0.0286)	(0.0290)	(0.0356)	(0.0387)
劳动弹性	0.415 ***	0.309 ***	0.267 **	0.475 ***	0.321 ***
	(0.113)	(0.114)	(0.111)	(0.119)	(0.0387)
土地弹性			0.039	2.594 ***	
			(0.0965)	(0.497)	
常数项	− 0.852 ***	− 0.825	− 0.894 ***	− 32.67 ***	− 0.864 ***
	(0.0817)	(1.056)	(0.147)	(6.363)	(0.104)
时期	1952—2010	1952—2010	1952—2010	1952—2010	1978—2010
CRS	Yes	No	Yes	No	Yes
土地	No	No	Yes	Yes	No
R^2	0.914	0.954	0.951	0.965	0.912
F 值	663.82	559.92	491.48	493.49	307.11
观测值 N	59	59	59	59	33

说明：估计系数下小括号内数字是稳健的标准误；***、**、*分别表示在 0.01，0.05 和 0.1 的水平上显著。模型（1）中，劳动弹性估计值为根据方程构建的 Wald 统计量；模型（3）中土地弹性的估计结果为根据方程构建的 Wald 统计量。

数据来源：作者估算。

　　附表 2 报告了四个模型估计的农业生产函数经验形式。模型（1）是在标准规模收益不变假设（CRS）下对建国 60 多年来全国时间序列数据的估计结果。结果显示，资本和劳动弹性分别为 0.585 和 0.415，估计系数显著，R^2 显示拟合值为 0.914，表明估计模型具有很强的解释力。放开 CRS 假设限制的估计模型（2），资本和劳动弹性估计结果与模型（1）几乎相同，说明 CRS 假设是合理的。模型（3）和模型（4）考虑到土地变量可能会对农业边际劳动生产率产生影响，估计了包含播种面积的生产函数形式，同时分别采用了有 CRS 和无 CRS 假设的形式。结果显示，劳动弹性均显著，仅在数值上略有差别。在模型（3）中，资本和劳动弹性估计结果分别为 0.695 和 0.267，与模型（1）和（2）估计结果比较接近；播种面积弹性系数值很小，只有 0.039，且不显著。模型（4）估计结果显示，劳动弹性上升到 0.475，资本弹性为 0.584，而播种面积弹性系数值高达 2.594，意味着其他条件不变时，播种面积如增加 10%，则产出会增加约 26%，即整体生产函数对土地投入存在较大规模经济效应。表中最后一栏为采用模型（1）的估计方程，对改革开放以来的农业生产函数进行分段估计，结果显示，资本和劳动弹性估计值分别为 0.679 和 0.321，与新中国成立以来整段时期的估计结果接近。总体来说，四个估计模型及分段估计给出比较一致的资本和劳动弹性估计值，且 R^2 均在 0.9 以上，显示模型具有较好的解释力，估计结果较为稳定。

　　采用以上各模型对劳动弹性的估计值，结合前面报告的平均劳动生产率数据，附图 3 报告新中国成立以来用增加值衡量的农业边

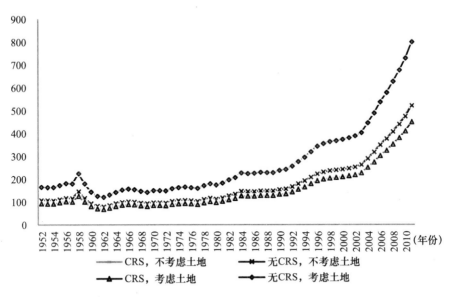

附图3 中国农业边际劳动生产率估算（1952—2011，1978年价，元/人）

数据来源：作者估算。

际劳动生产率估计结果。附图3显示，由模型（1）和模型（2）估计的弹性值计算的边际劳动生产率相同，且居中。以1978年不变价衡量，计划体制和人民公社时期，我国农业边际劳动生产率大体在110元上下波动，基本没有趋势性增长。改革开放时期，边际劳动生产率呈现持续和加速增长趋势，到2011年增长到527元，年均增长近5%。由模型（3）和（4）的弹性估计值计算得到的边际劳动生产率相差较大。无CRS限制的模型（4）劳动弹性估计结果较高，对应的边际劳动生产率也较大，以1978年不变价衡量，2011年已经达到800元，高于模型（2）估计结果53%。有CRS限制的模型（3）估计结果对应较低边际劳动生产率，2011年为450元，低于模型（1）估计结果14%。此外，我国农业边际劳动生产率出现三个较快增长的时期，均发生在改革开放以后，分别为 1978—1984 年，1990—1997 年和 2003—2011 年。

利用分省区面板数据估计边际劳动生产率

除了全国时间序列估计外，还可以通过整理分省区面板数据，利用三种面板数据模型估计边际劳动生产率。实现这一研究意图的关键制约因素在于能否较好估计各省区农业资本存量。如前所述，利用永续盘存法来估计资本存量，关键是要获得农业固定资产投资、初始资本存量和折旧率数据。由于得到的分省区农业固定资产投资数据系列从 1996 年开始，通过吸收学术界已有研究成果对 1995 年分省区资本存量和折旧率的估计，可以得到 1995 年以来的分省区农业资本存量面板数据。因此，本节估计所用数据覆盖期为 1995—2010 年。

估计模型仍按照是否采取规模收益不变（CRS）假设和是否引入土地变量两个基本维度进行分类。同时，对于每一个估计模型，又分别采用了最小二乘回归（OLS）和固定效应面板回归（Fixed Effect）两种估计方法。相比最小二乘回归，固定效应回归可以同时控制年份效应和省份效应。

附表 3 报告了不含土地变量的估计结果；附表 2 报告了包含土地变量的估计结果。每个表中，（1）和（3）列为含 CRS 假设的估计结果；（2）和（4）列为不含 CRS 假设的估计结果。在附表 3 中，（1）和（3）列的劳动弹性估计值为根据方程 $\beta = 1 - \alpha$ 构建的

Wald 统计量；在附表 2 中，（1）和（3）的土地弹性的估计结果为根据方程 $\gamma = 1 - \alpha - \beta$ 构建的 Wald 统计量。

附表 3   分省区面板数据价值量农业生产函数估计

（1995—2010，不含土地）

	OLS		Fixed Effect	
	（1）	（2）	（3）	（4）
资本弹性 α	0.225 ***	0.141 *	0.0451 *	0.0362 *
	(0.0638)	(0.0734)	(0.0253)	(0.0191)
劳动弹性 β	0.775 ***	0.763 ***	0.955 ***	0.342 ***
	(0.064)	(0.0423)	(0.025)	(0.121)
常数项	− 0.567 ***	− 0.0902	− 0.886 ***	3.150 ***
	(0.109)	(0.204)	(0.0517)	(0.796)
CRS 约束	Yes	No	Yes	No
省份效应	No	No	Yes	Yes
年份效应	Yes	Yes	Yes	Yes
R^2	0.298	0.808	0.908	0.923
F 值	8.47	134.82	80.70	123.58
观测值	496	496	496	496

说明：（1）和（3）列的劳动弹性估计值为根据方程 $\beta = 1 - \alpha$ 构建的 Wald 统计量。估计系数下小括号内数字是稳健的标准误；***、**、* 分别表示在 0.01，0.05 和 0.1 的水平上显著。

数据来源：作者估算。

附表 3 估计结果显示，劳动弹性的估计值均显著为正，其中，OLS 回归中有 CRS 假设和无 CRS 假设估计出来的劳动弹性非常接近，分别为 0.775 和 0.763。在固定效应回归中，有 CRS 假设和没有 CRS 假设所估计出来的劳动弹性分别为 0.955 和 0.342，差别较大。根据附表 3 的劳动弹性估计值，结合前面报告的年度平均劳动生产率数据，附图 4 报告了新中国半个多世纪以来用增加值衡量的农业边际劳动生产率估计结果。

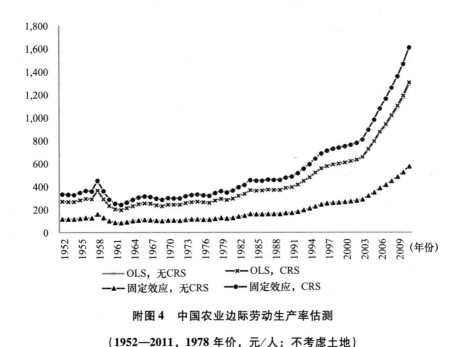

附图 4　中国农业边际劳动生产率估测

（1952—2011，1978 年价，元/人；不考虑土地）

数据来源：作者估算。

附表 4 报告了包括土地变量（播种面积）的面板估计结果。类似的，OLS 回归结果中有 CRS 假设和没有 CRS 假设所估计出来的劳动弹性也非常接近，分别为 0.371 和 0.377，而在固定效应回归中，有 CRS 假设和没有 CRS 假设所估计出来的劳动弹性分别为 0.519 和 0.269，差别较大，但比在附表 3 中有所缩小。从回归结果来看，土地弹性估计值显著，且相对比较稳定，与劳动弹性值也比较接近，说明土地面积对农业产值有重要影响，重要程度与劳动投入相当。相比附表3，附表4中劳动弹性的估计值整体来说更为稳定，在0.269到0.519之间，也与全国更长时期的时间序列估计结果较为接近。根据附表4的估计值，结合前面报告的平均劳动生产率数据，附图5报告了采用附表4劳动弹性估计系数得到的四组边际劳动生产率。劳动弹性最高为0.519的估计结果，给出较高边际劳动生产率，以1978年不变价衡量，2011年为876元；最低弹性为0.269的估计结果，给出较低边际劳动生产率，2011年为454元。

附表4   **分省区面板数据价值量农业生产函数估计**

（1995—2010，含土地）

	OLS		Fixed Effect	
	（1）	（2）	（3）	（4）
资本弹性 α	0.178 ***	0.112 **	0.0227	0.0289
	(0.0519)	(0.0561)	(0.0191)	(0.0171)
劳动弹性 β	0.371 ***	0.377 ***	0.519 ***	0.269 *
	(0.0484)	(0.0466)	(0.104)	(0.141)
土地弹性 γ	0.451 ***	0.433 ***	0.458 ***	0.175 *
	(0.057)	(0.0508)	(0.102)	(0.0889)
常数项	−1.369 ***	−0.952 ***	−1.657 ***	2.239 **
	(0.153)	(0.179)	(0.166)	(0.835)
CRS 约束	Yes	No	Yes	No
省份效应	No	No	Yes	Yes
年份效应	Yes	Yes	Yes	Yes
R^2	0.331	0.831	0.910	0.927

续表

	OLS		Fixed Effect	
	（1）	（2）	（3）	（4）
F 值	10.86	179.54	87.97	300.14
观测值	496	496	496	496

说明：（1）和（3）列的土地弹性的估计结果为根据方程 $\gamma = 1 - \alpha - \beta$ 构建的 Wald 统计量。估计系数下小括号内数字是稳健的标准误；***、**、* 分别表示在 0.01，0.05 和 0.1 的水平上显著。

数据来源：作者估算。

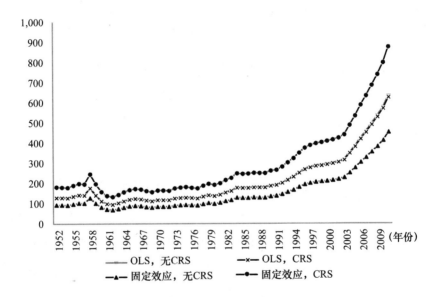

附图 5 中国农业边际劳动生产率估测

（1952—2011，1978 年价，元/人；考虑土地）

数据来源：作者估算。

不同方法边际劳动生产率估计结果小结

综合上述不同方法的估计结果，可以得到两点基本结论。第一，改革开放以前，我国农业边际劳动生产率整体处于较低水平，且发展基本停滞；改革开放以后，农业边际劳动生产率呈现快速发展的态势，尤其是 2003 年以来，有了很大提高。第二，不同的估计方法得到具体不同的估计结果。如附图 5 中，几种估计方法得到的最高估计值接近最低估计值的两倍。因此，在实际利用本节估计结果时，要根据研究目的和对农业生产的理解的不同，确定合适的生产函数估计方法和模型，有选择地利用相应的估计结果。

◇◇ 五　实物量衡量的农业边际劳动生产率估测

本节利用全国农产品成本收益调查数据估测若干种主要农产品分品种边际劳动生产率。一些主要农产品的农本数据的全国数据从 1953 年开始，因而本章对这些具有较长时期时间序列数据的农产品首先进行全国时间序列估计，估计区间为 1953—2010 年。[①]这些农产品包括粮食、棉花、烤烟、小麦、花生和玉米。另外，本节根据

---

① 其实是 1953—1965 年及 1975—2010 年，1966—1974 年的统计因"文革"冲击而中断。

各品种农产品主产省区分布，整理得到 1975—2010 年分省区面板数据，估计若干种主产品面板数据模型。这若干种主要农产品选择对象主要由农本系列调查涵盖范围决定，同时考虑有关数据连续时段长短因素，由此选择了棉花、烤烟、小麦、花生、玉米、粳稻、大豆、油菜籽、甜菜、生猪十种产品。

农本数据调查指标对农作物（或生猪）基本采用每亩（或每头）的投入和产出为基本统计单位，因此在利用以地亩为单位的农本调查数据估计模型时，土地面积因素对产量和劳动生产率的影响已被控制，因此本章只须估计模型（1）和（2）。

$$\ln \frac{Y}{L} = \ln A + \alpha \ln \frac{K}{L} + \varepsilon \tag{1}$$

$$\ln Y = \ln A + \alpha \ln K + \beta \ln L + \varepsilon \tag{2}$$

其中，Y 为每亩（或每头）产量、K 为每亩（或每头）物质费用；L 为每亩（或每头）用工数量，ε 为误差项。1998 年以后，"物质费用"口径发生了变化，改为"物质和服务费用"，但两者相差不大，且比例大致稳定。本节在时间序列回归时，对 1999—2010 年加入了年份虚拟变量；在面板回归时，所有年份均加入了年份虚拟变量，可以在很大程度上控制该口径变化的影响。

时间序列方法边际劳动生产率估计

首先，简单分析农产品每亩产出和投入指标变动趋势。以棉花为例，附图 6 报告了棉花亩产量、用工和资本投入数据及平均劳动生产率的变动趋势。图中显示，改革开放以来，农产品生产的一大特征是：资本替代劳动推动农业劳动生产率较快增长。

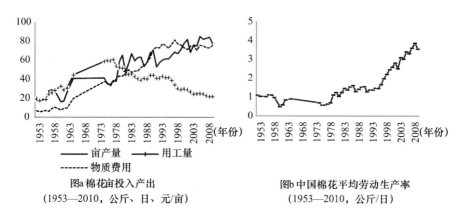

图a 棉花亩投入产出
(1953—2010，公斤、日、元/亩)

图b 中国棉花平均劳动生产率
(1953—2010，公斤/日)

附图6　棉花产出和投入指标变动趋势

数据来源：《建国以来全国主要农产品成本收益资料汇编：1953—1997》及历年《全国农产品成本收益资料汇编》。

　　附表5报告了粮食及其他五种农产品时间序列模型生产函数估计结果。每种产品在估计时均采用了规模收益不变假设①，并分别报告了1953—2010年整段时期及1975—2010年分段时期的估计结果。进而，根据附表5报告的时间序列弹性估计值，结合各品种平均劳动生产率数据，可计算得到各品种边际劳动生产率，分别报告于下列图7中；其中，整段和分段时期估计的弹性值计算得到的边际劳动生产率分别标记为"边际1"和"边际2"。如图7报告了粮食的边际劳动生产率。结果显示，计划经济

---

① 没有 CRS 限制时，多种农产品的估计结果存在不便解释的负值劳动弹性问题。

时期，我国粮食边际劳动生产率从 1953 年 7.21 公斤/日，下降到 1978 年 3.16 公斤/日，下降过半；改革开放以来，边际劳动生产率持续增长，2010 年达 29.1 公斤/日，增长 8.2 倍。相比之下，分段估计的生产率水平较低，1978 年为 1 公斤/日，增长到 2010 年为 9.17 公斤/日。其他品种农产品变动趋势相似，不再赘述。

附表 5   主要农产品分品种时序数据生产函数估计结果

品种	样本时期	资本弹性		劳动弹性		常数项		调整 R^2	F 值
粮食	1953—2010	0.524 ***	(0.0511)	0.476 ***	(0.051)	2.413 ***	(0.0529)	0.880	134.56
	1975—2010	0.850 ***	(0.0280)	0.150 ***	(0.028)	2.130 ***	(0.0185)	0.977	1008.9
棉花	1953—2010	0.370 ***	(0.0644)	0.630 ***	(0.0644)	0.168 ***	(0.0360)	0.827	122.36
	1975—2010	0.784 ***	(0.0847)	0.216 ***	(0.0847)	0.0544 (0.0399)		0.916	192.38
烤烟	1953—2010	0.349 ***	(0.0418)	0.651 ***	(0.042)	0.811 ***	(0.0196)	0.865	174.13
	1975—2010	0.449 ***	(0.0200)	0.551 ***	(0.02)	0.775 ***	(0.0148)	0.949	455.02
小麦	1953—2010	0.679 ***	(0.0539)	0.321 ***	(0.0539)	2.062 ***	(0.0645)	0.899	151.58
	1975—2010	0.965 ***	(0.0383)	0.035 (0.0383)		1.746 ***	(0.0370)	0.969	496.82
花生	1953—2010	0.334 ***	(0.0735)	0.666 ***	(0.0735)	1.675 ***	(0.0638)	0.737	80.92
	1975—2010	0.813 ***	(0.0340)	0.187 ***	(0.034)	1.340 ***	(0.0214)	0.982	922.27
玉米	1953—2010	0.524 ***	(0.0582)	0.476 ***	(0.0582)	2.564 ***	(0.0483)	0.865	119.94
	1975—2010	0.930 ***	(0.0322)	0.07 **	(0.0322)	2.296 ***	(0.0123)	0.977	1093.00

说明：劳动弹性的估计根据方程 $\beta = 1 - \alpha$ 构建的 Wald 统计量进行统计推断。

数据来源：作者估算。

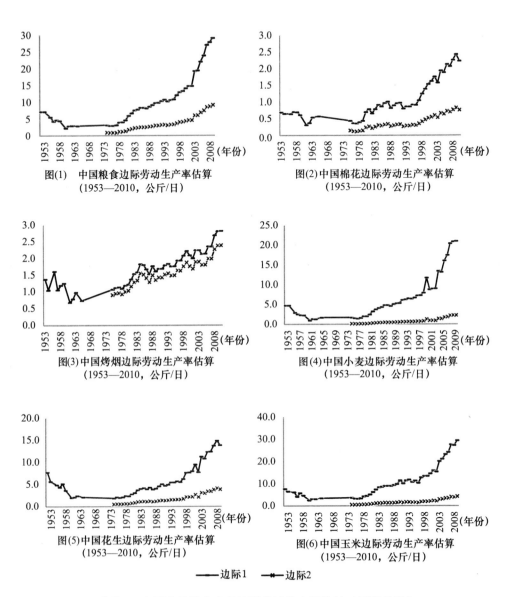

图(1) 中国粮食边际劳动生产率估算
(1953—2010，公斤/日)

图(2)中国棉花边际劳动生产率估算
(1953—2010，公斤/日)

图(3)中国烤烟边际劳动生产率估算
(1953—2010，公斤/日)

图(4)中国小麦边际劳动生产率估算
(1953—2010，公斤/日)

图(5)中国花生边际劳动生产率估算
(1953—2010，公斤/日)

图(6)中国玉米边际劳动生产率估算
(1953—2010，公斤/日)

—— 边际1   —✕— 边际2

附图7　中国分品种农产品边际劳动生产率估计（时序估计）

数据来源：作者估算。

面板数据方法边际劳动生产率估计

本节利用各农产品主产省区 1975—2010 年面板数据，估计分品种的农业生产函数和边际劳动生产率。对于每种农产品，在规模收益不变假设下，分别采用最小二乘估计（OLS）和固定效应面板回归（Fixed Effect，FE）两种估计方法。附图 8 报告了具体估计结果。

进而，根据附图 8 报告的时间序列弹性估计值，结合各品种全国平均劳动生产率数据，可计算得到各品种边际劳动生产率，报告于附图 8 中。根据 OLS 估计结果计算的边际劳动生产率在下列各图中为"边际 1"；根据固定效应面板回归（FE）估计结果计算的边际劳动生产率在下列各图中为"边际 2"。下列附图 8 清晰报告了十种农产品 1975—2010 年的边际劳动生产率水平和变动趋势，限于篇幅，这里不再具体分析和解读。

附表 6　　　　　　主要农产品分品种面板数据生产函数估计结果

品种	方法	资本弹性		劳动弹性		常数项		R^2	n	N
棉花	OLS	0. 651 ***	(0. 0319)	0. 349 ***	(0. 032)	− 0. 0567	(0. 0729)	0. 861	468	15
	FE	0. 554 ***	(0. 0958)	0. 446 ***	(0. 096)	− 0. 0802 *	(0. 0447)	0. 891	468	15
烤烟	OLS	0. 646 ***	(0. 0368)	0. 354 ***	(0. 037)	0. 784 ***	(0. 0873)	0. 707	520	17
	FE	0. 526 ***	(0. 0629)	0. 474 ***	(0. 063)	0. 737 ***	(0. 0694)	0. 815	520	17
小麦	OLS	0. 897 ***	(0. 0129)	0. 103 ***	(0. 013)	1. 839 ***	(0. 0785)	0. 956	604	20
	FE	0. 918 ***	(0. 0385)	0. 082 ***	(0. 039)	1. 802 ***	(0. 0686)	0. 956	604	20

续表

品种	方法	资本弹性	劳动弹性	常数项	R^2	n	N
大豆	OLS	0.747 *** (0.0321)	0.253 *** (0.032)	1.962 *** (0.0615)	0.849	392	13
	FE	0.620 *** (0.0527)	0.380 *** (0.053)	1.885 *** (0.0956)	0.871	392	13
粳稻	OLS	0.777 *** (0.0195)	0.223 *** (0.02)	2.192 *** (0.0655)	0.948	414	14
	FE	0.734 *** (0.0508)	0.266 *** (0.051)	2.181 *** (0.0753)	0.961	414	14
花生	OLS	0.588 *** (0.0437)	0.412 *** (0.044)	1.254 *** (0.124)	0.891	332	11
	FE	0.560 *** (0.0791)	0.440 *** (0.079)	1.273 *** (0.115)	0.930	332	11
玉米	OLS	0.946 *** (0.0251)	0.054 ** (0.025)	2.429 *** (0.0850)	0.901	640	21
	FE	0.632 *** (0.0554)	0.368 *** (0.055)	2.330 *** (0.0754)	0.919	640	21
甜菜	OLS	0.738 *** (0.0779)	0.262 *** (0.078)	3.715 *** (0.231)	0.861	148	10
	FE	0.473 ** (0.176)	0.527 ** (0.176)	3.726 *** (0.265)	0.864	148	10
油菜	OLS	0.725 *** (0.0378)	0.275 *** (0.038)	0.986 *** (0.098)	0.839	517	29
	FE	0.492 *** (0.0843)	0.508 *** (0.084)	0.895 *** (0.149)	0.891	517	29
猪肉	OLS	0.884 *** (0.0132)	0.116 *** (0.013)	0.143 *** (0.0434)	0.962	703	30
	FE	0.879 *** (0.0285)	0.121 *** (0.029)	0.186 *** (0.0510)	0.968	703	30

说明：劳动弹性估计值为根据方程 $\beta = 1 - \alpha$ 构建的 Wald 统计量。估计系数小括号内是稳健的标准误；***、**、*分别表示在 0.01，0.05 和 0.1 的水平上显著。n 表示观测值数，N 表示省市区数。

数据来源：作者估算。

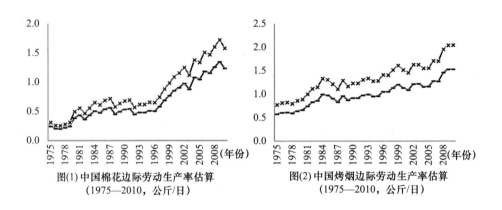

图(1)中国棉花边际劳动生产率估算
(1975—2010，公斤/日)

图(2)中国烤烟边际劳动生产率估算
(1975—2010，公斤/日)

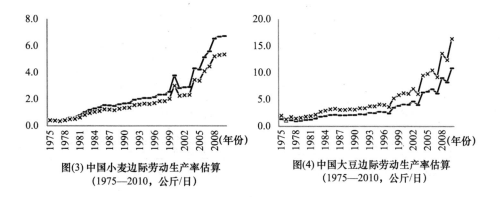

图(3) 中国小麦边际劳动生产率估算
(1975—2010，公斤/日)

图(4) 中国大豆边际劳动生产率估算
(1975—2010，公斤/日)

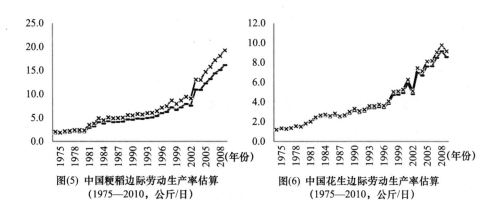

图(5) 中国粳稻边际劳动生产率估算
(1975—2010，公斤/日)

图(6) 中国花生边际劳动生产率估算
(1975—2010，公斤/日)

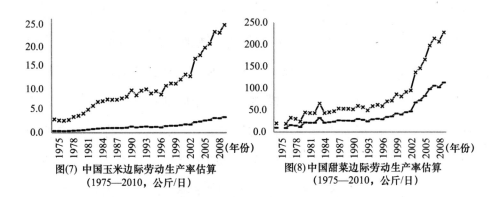

图(7) 中国玉米边际劳动生产率估算
(1975—2010，公斤/日)

图(8) 中国甜菜边际劳动生产率估算
(1975—2010，公斤/日)

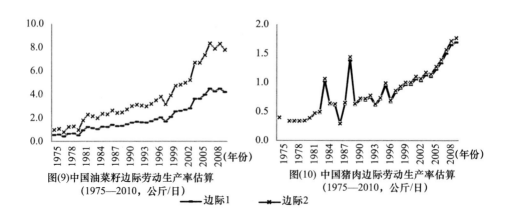

图(9)中国油菜籽边际劳动生产率估算
（1975—2010，公斤/日）

图(10)中国猪肉边际劳动生产率估算
（1975—2010，公斤/日）

━━━ 边际1　　━✕━ 边际2

附图8　中国分品种农产品边际劳动生产率估计（面板估计）

数据来源：作者估算。

不同方法边际劳动生产率估计结果小节

综合不同方法和对主要农产品的分品种估计结果，可以得到三点基本结论。第一，以改革开放为分界点，我国农业边际劳动生产率呈现先降后升的变动趋势。第二，不同的估计方法得到具体估计结果不尽相同，但除玉米、甜菜和油菜籽以外，实物量估计结果还是具有相当的一致性且比较接近，尤其是小麦、粳稻、花生和猪肉等。同样的，在实际利用本节估计结果时，要根据研究目的和对农业生产的理解不同，确定不同的生产函数模型，利用相应的估计结果。第三，不同品种的农产品劳动弹性不同。如小麦、玉米和猪肉的劳动弹性较小，而棉花、烤烟、大豆和花生等的劳动弹性较大。由此可见，我国不同的农产品生产，不仅对于劳动力的需求弹性不同，而且在国际农产品贸易中也很可能具有不同的比较优势，且这一比较优势差异还会随着我国劳动力转移和劳动市场转型而发生变化。

◇ 六　结论

本节利用国民经济核算体系下农业部门价值量和全国农产品成本收益调查实物量两套数据，运用不同计量模型和方法从不同纬度对我国1952—2011年农业劳动生产率平均值和边际值演变趋势给以系统估测。价值量方法综合了产量和相对价格因素，可以体现农业经济发展在国民经济中的价值含义，而实物量估计则可以剔除价格因素影响，考察纯粹农产品生产效率的提升。较长期时间序列估计呈现出新中国成立以来农业部门的基本发展轨迹，而中短期的面板估计则利于采用不同的计量方法进行比较分析。整体估计呈现出农业部门的整体效率水平变动轨迹，而针对十种主要农产品的分品种估计则可以考察农业部门内部不同农作物生产率的不同发展变化。

根据本节对我国农业部门1952—2011年平均和边际劳动生产率演变的系统估测结果可见，我国农业生产效率在改革开放以后实现了巨大进步，堪称农业革命。我国是人口大国，农业发展作为整个国民经济基础有着特别重要的意义。农业劳动生产率的提高，不仅解决了长期困扰中国的粮食安全问题，而且从根本上改善了人民的膳食结构。而且这样一场农业革命发生在我国经济结构转型、劳动力转移的背景下，在提高农民收入的同时，还在原料、土地、劳动力等方面对非农部门的发展提供前提条件，为当代经济高速增长提供支持。

对农业劳动生产率提升的理解，对于认识一些重大经济政策和学术问题具有借鉴意义。囿于传统农业要素投入单调不变、技术进步特别缓慢形成的认识路线，片面认为农业是弱质产业，过于重视政府对农业生产、流通、包括土地的行政干预和管制，反而对农业的发展造成了严重的扭曲和无谓的损失。以土地为例，由于对农业生产函数结构变动可能性的本质和规律认识不清，可能会夸大土地面积边际变动对可持续增长的含义。在我国"问题等于管制，超级问题需要超级管制"的传统思维根深蒂固的国家，必然派生对土地的空前强度管制。本节对于生产率的度量，尤其是控制住土地面积变动的农本数据度量，具有重要认识意义。笔者在十几年前研究我国粮食经济和政策时提出，"马尔萨斯陷阱"概念所描述的传统农业机制以及传统上以匮乏为根本特征的粮食问题，早已发生实质性变化①。本节系统度量的农业平均和边际劳动生产率结果显示，需要从正面角度看待当代农业劳动生产率。

此外，本节研究成果对于正确认识刘易斯拐点观点也有借鉴意义。近年刘易斯拐点范式广泛流行。对于如何认识我国近年劳动力市场与长期增长阶段性特征甚至短期宏观经济变动的关系，刘易斯拐点作为一个描述性概念具有积极认识价值。但是刘易斯拐点理论框架建立在边际产出不变基础上，其经济含义是与当时忽视农业增

---

① 卢锋：《粮食市场化改革：需要重新思考的认识前提》，《中国农村观察》1997 年第 3 期；卢锋：《应当实事求是地认识粮食过剩问题——对"粮食无过剩"观点的质疑》，《管理世界》1999 年第 3 期。

长为前提的，站在今天的理论高度是否成立显然需要探讨。与生产率估计经验事实如何兼容，是该范式在理论逻辑层面需要面对的挑战之一。Schultz 在经典的《改造传统农业》(*Transforming traditional agriculture*) 中，对农业边际劳动生产率为零的假说提出了批评，并提出应当直接估计边际劳动生产率①。本节对于中国农业边际劳动生产率的系统估计，对于正确判断刘易斯理论在中国的适用性具有认识价值。

在此基础上，结合理论和对我国农业实际情况的观察，不难理解我国这场农业革命发生的根源。根据前文关于劳动生产率的定义简单推导可知，农业平均和边际劳动生产率首先受到农业技术水平和劳均资本投入（资本深化）的影响。② 技术水平越高，或劳均资本（更广义地是劳均其他要素投入）越多，则劳动生产率越高。同时，劳动生产率也会受到劳动产出弹性的影响，尤其是边际劳动生产率受劳动产出弹性的影响会更大。一些学者如高帆通过逻辑分析和实证研究发现，结构转化和资本深化是我国农业劳动生产率提高的基本方式。③

马克思和恩格斯高度重视农业发展，并就影响农业劳动生产率

---

① Schultz, T. W., *Transforming Traditional Agriculture*, New Haven and London: Yale University Press, 1964.

② 根据简单柯布 – 道格拉斯生产函数和劳动生产率定义简单推导可知，平均劳动生产率：$APL = \dfrac{Y}{L} = \dfrac{A\,K^{\alpha}\,L^{1-\alpha}}{L} = A\left(\dfrac{K}{L}\right)^{\alpha}$；边际劳动生产率：$MPL = \alpha * APL = \alpha A\left(\dfrac{K}{L}\right)^{\alpha}$。

③ 高帆：《结构转化、资本深化与农业劳动生产率提高——以上海为例的研究》，《经济理论与经济管理》2010 年第 2 期。

提高的诸因素提出了自己的观点。他们把影响农业劳动生产率提高的因素分为三类：一类是劳动者个人因素，包括天赋、技能、体力和智力等，与此相联系的是普及教育和职业培训，可以提高劳动者的生产技能和平均熟练程度；一类是劳动的自然条件，如土地的肥沃程度、气候和光照条件等，它们决定了劳动的自然生产率；还有一类是劳动的社会条件的改进，具体包括：大规模的生产，资本的集中，劳动的联合，分工，机器的应用，生产方法的改良，科学的发展水平和在工艺上应用的程度，交通运输工具、水利灌溉设施等农业基础设施的增加和改良，产权和交易的法律保障等，这些因素影响着劳动的社会生产率。① 他们的上述思想具有公共政策含义，为制定农业政策指明了努力的方向。

结合中国实际情况可见，我国农业革命发生的根源可主要归结为以下三方面因素。第一，体制和政策环境的改善。改革开放以后，中国实行了家庭联产承包责任制，极大地调动了农民生产的积极性；此后又不断通过农产品价格的市场化改革，减少流通环节管制，鼓励了农业生产和销售；此外，还通过允许和鼓励农业劳动力流动，减少了农村剩余劳动力，提高了农业劳动生产率。第二，现代物质资本投入增长，包括经营性投入和资本性投入。改革开放以来，农业发展的一大特征就是，资本替代劳动推动农业生产率较快增长。现代物质资本投入的增加，极大地提高了农业生产效率，如农药化肥等投入显著地提高了农业产出，而机械化等投入则大大缩

---

① 详见《工资、价格和利润》、《资本论》和《经济学手稿》（1861—1863 年）等著作中。

短了劳动时间，这些现代物质投入的增长共同推动了农业劳动生产率的快速提高。第三，贸易总量和结构转变使得农业调整符合比较优势，从而提升了整体生产效率。如我国近年大量的大豆进口，一方面使资源效率绝对和相对较低的部门被替换，另一方面使得动物产品（如猪肉、家禽和鱼类）增长得到充足的饲料支持成为了可能。

作者发表的与本书相关的学术论文

［1］卢锋、刘晓光、姜志霄、张杰平：《劳动力市场与中国宏观经济周期：兼谈奥肯定律在中国》，《中国社会科学》2015年第12期。

［2］刘晓光、张勋、方文全：《基础设施的城乡收入分配效应：基于劳动力转移的视角》，《世界经济》2015年第3期。

［3］刘晓光、卢锋：《中国资本回报率上升之谜》，《经济学（季刊）》2014年第13卷第3期。

［4］张勋、刘晓光（通讯作者）、樊纲：《农业劳动力转移与家户储蓄率上升》，《经济研究》2014年第4期。

［5］苟琴、黄益平、刘晓光：《银行信贷配置真的存在所有制歧视吗?》，《管理世界》2014年第1期。

［6］Xiaoguang Liu, Qin Gou, Feng Lu, 2015, "Remedy or Poison: Impacts of China's Outward Direct Investment on Its Exports", *China & World Economy*, Vol. 23, No. 6, pp. 100 – 121.

［7］W. Raphael Lam, Xiaoguang Liu, and Alfred Schipke, 2015, "China's Labor Market in the 'New Normal'", *IMF Working Paper*, No. 15/151.

［8］ Mali Chivakul，W. Raphael Lam，Xiaoguang Liu，Wojciech Mali-szewski，and Alfred Schipke，2015，"Understanding Residential Real Estate in China"，*IMF Working Paper*，No. 15/84.

［9］ 卢锋、刘晓光、李昕、邱牧远：《当代中国农业革命——新中国农业劳动生产率系统估测（1952—2011）》，CCER 讨论稿 No. C2014001。

致　谢

从研究生学生阶段起，我就在持续关注和研究中国的农业劳动力转移与经济发展问题。本书作为对我博士学位论文研究的进一步深化和完善，可以说是汲取了我在北京大学求学阶段的研究精华，历经我在人民大学教学期间的发酵和烘培，方才得以出炉。

本书得以成书，首先要感谢我在北京大学国家发展研究院求学阶段，与很多师友的讨论，他们包括：宋国青、林毅夫、姚洋、张帆、樊纲、黄益平、Alfred Schipke、Alberto Pozzolo、徐建国、张斌、曾刚、陆铭、章元、陈斌开、林卫基、陈建奇、李远芳、李昕、李力行、鄢萍、王敏、赵波、罗知、谢沛初、苟琴、马光荣、贾坤、王健、张杰平、张勋、赵岳、申广军、周广肃、王雅琦、李双双、姜志霄、周俊安、欧星星、杨业伟、邱牧远等。

同时要感谢我在中国人民大学国家发展与战略研究院任教以来，与很多同事的交流，他们包括：胡逎武、杨瑞龙、刘凤良、毛振华、杨光斌、郭杰、雷达、闫衍、聂辉华、王晋斌、郑新业、陈彦斌、郑超愚、王莉丽、伍聪、张杰、罗来军、陶然、李勇、于春海、尹恒、丁守海、范志勇、于泽、孙文凯、王孝松、刘瑞明、冯俊新、虞义华、夏晓华、刘小鲁、赵勇、陈占明、宋鹭、刘凯、林雪霏等。

　　还要感谢我所在单位中国人民大学国家发展与战略研究院的资助，以及全体同事的大力支持；同样要感谢中国社会科学出版社王称编辑及其同事，对书稿进行细致的编辑和校对。

　　特别感谢导师卢锋教授，他指导我完成博士学位论文，更以其严谨治学、宽厚待人的学者风范，指引我走上学术正途；特别感谢刘元春教授，他鼓励我将现有的研究深化成书，更以其经世济民的家国情怀，带我走上科研报国的理想之路；特别感谢我的家人，他们在背后默默支持给我力量，教我前行路上只顾风雨兼程。

刘晓光

2017 年 1 月于人大科研楼